DEBABRATA SINHA

Studies in Phenomenology

한국문화사

지은이의 말

이 글은 나의 박사학위연구 이후(대략 1960년대 이후) 에드문드 후설(Edmund Husserl)의 현상학적 철학에 대한 나의 연구 결과이다. 각 장의 주제가 제기하는 것처럼 나는 후설 현상학에 관한 몇 가지 문제거리를 다루려고 한다. 각 장의 주제는 각기 독립적이지만 단절된 것은 아니다. 왜냐하면 나의 이러한 이행은 주제의 다양한 국면에도 불구하고 개별적인 철학적 문제에 확실한 대답을 제공하기보다는 체계적인 간취를 보다더 제시하고자 하기 때문이다. 따라서 여기서 나의 목적은 논리적, 인식론적 그리고 형이상학적 국면에서 이러한 통찰의 의미와 중요성을 해명하는데 있다.

각 장의 진술에서 나는 그러한 현상학적 운동이 여전히 영미철학의 세계에서 어떤 다른 점을 계속 제시하고 있다는 사실을 인식하게 되었다. 양자간의 대립은 무모한 것이 아니다. 나는 현상학적 관점으로부터 문제를 다룸으로써 일반적인 경험-분석적 학파의 관점을 종종 설명하고 있다.

후설 현상학의 차별적 국면의 소박한 탐구에 나 자신을 한정하는 대신에, 그 관점을 해명함에 있어서 어떤 자유를 분명히 받아들여야 한다. 물론 이러한 생각에서 나는 근원적 자료를 후설의 저작과 그와 관련된 현상학적 문헌을 이용하려고 한다. 그러나 나는 이러한 철학적 사유유형의 어떤 최종적인 평가를 하지는 않는다. 나는 단지 그것의 주요한 강조 점을 지니고 그리고 그것에 관한 어떤 가능한 현실적인 오해가 없이 나에게 드러나는 것을 중점적으로 이끌고자 한다. 사실 나는 현상학을 개방된, 확대된 기획으로 간주한다. 이러한 기획은 심지어 절대적인 무전제의 철학이라는 후설의 근본적인 목적과 완전히 동일화될 필요는 없고, 즉 후설사상의 궁극적 국면으로 결론지을 필요는 없다.

그러한 주제에 대한 이 글의 탐구에 관련된 어떤 자료는 인도(India)에서는 타당하지 않다는 사실때문에 나는 현재의 저작에 잘못이 있을 것으로 생각한다. 그러나 나는 모한티(J. N. Mohanty) 교수(University of Burdwan, India)로부터 유용한 약간의 문헌을 받았다.

관련된 곳에서 지적한 것처럼 이 글의 두 장은 *Philosophy and Phenomenological Research*와 *Zeitschrift für philosophische Forschung*에 내가 이전에 발표한 글을 재편하여(한편은 영역하여) 실은 것이다. 나는 이러한 이전의 글을 이용하도록 허락해 준 두 간행물의 편집자에게 감사한다.

나는 여기서 이 분야의 나의 연구에 관련하여 Ludwig Landgrebe 교수(University of köln)와 Walter Biemel 교수(University of Aachen)로부터 받았던 유용한 조언에 감사드린다. 그리고 Rev. Prof. H. L. Van Brenda(Louvain)의 나의 저작에 관한 친절한 관심에 대해서도 감사드린다. 또한 Marvin Faber 교수(State University of New York at Buffalo)와 Herbert Spiegelberg 교수(Washington University)의 친절한 협조를 잊을 수 없다. 끝으로 이 책의 편집장과 위원들 그리고 Martinus Nijhoff의 발행자에게도 이러한 기회를 빌어 감사드린다.

Calcutta, February, 1968　　　　　　　　　　DEBABRATA SINHA

차 례

지은이의 말   3
제 1 장 : 서문   7
제 2 장 : 현상학과 경험주의의 전통   23
제 3 장 : 후설의 형식논리학비판   51
제 4 장 : 현상학에 있어서의 주관주의   77
제 5 장 : 인격과 주관성의 개념   103
제 6 장 : 과학철학으로서의 현상학   133
제 7 장 : 현상학은 존재론적으로 구속되는가?   157
제 8 장 : 결론   179
참고문헌   193
옮긴이의 말   199

제 1 장

서 문

Ⅰ. 경험비판으로서의 철학

1.1 철학에 있어서 두드러진 문제는 경험적인 것과 경험을 넘어서 전제된 것과의 관계의 문제이다. 그러나 경험과 관련한 초월의 문제 - 다시 말하면 초경험적인 것과 경험적인 것의 관계 - 는 근대의 비사변적 철학이나 칸트 이래의 비판철학에서 특히 날카로운 형태로 받아들여졌다. "제일원리"의 형이상학적 체계를 구축하기 위해 전제를 지니지 않는 대부분의 비판철학은 어떤 방식으로든지 간에 경험적인 것과 비경험적인 것간의 필연적인 관계를 확립하려는 중요한 문제를 이미 지니고 있다. 그러나 비경험적인 것은 '아프리오리'(a priori)를 초감성적 실재성의 영역으로서 정립하지 않는다. 왜냐하면 비판철학은 어떤 가정이나 일반적 원리로부터 이끌려지는 순수한 이성화에 의존하지도 않고, 연역적 절차에도 의존하지 않기 때문이다.

1.2 그와 같은 철학의 유형, 즉 형이상학적 문제를 어떤 방식에서도 전제하지 않는 철학의 유형은 그 자체의 경험비판이라는 문제를 제기한다. 형이상학적 전제에 의해서 방해를 받지 않는 철

학은 그 출발점으로서 경험 자체의 모든 층을 받아들인다. 그러나 여기서의 관심은 어떤 방식으로 경험상태의 심리학적 해명에 대해 확정하려는 것이 아니고, 사상(things)의 객관적 질서의 자연과학적 해명에 대해 확정하려는 것도 아니다. 그에 반하여 여기서의 관심은 원본적으로 '인식론적'이고, 즉 인식 그 자체의 영역에 지향하고 있다. 인식과 경험의 분석에 대한 관심은 정확히 인식과 경험의 가능성을 위한 조건에 있다.

1.3 따라서 우리는 '선험적'(transcendental) 철학으로 알려진 문제에 이르게 된다. "선험적"(초월적transcendent과 구분되는 것으로서) 개념의 단서는 칸트철학으로부터 추적될 수 있다. 선험적인 것은 경험에서 주어지는 것이 아니지만 또한 필연적으로 경험에 의해서 전제되는 것이다. 이러한 의미에서 그 개념은 에드문드 후설의 현상학적 철학의 지도적 동기를 제공한다. 후설이 제기하는 것처럼 현상학적 철학의 문제 - 또는 그가 후에 보다더 사용하는 표현으로서 "선험적 현상학"의 문제 - 는 모든 가능한 인식형식이 기능적으로 근거하는 궁극적 근원에 추적해 들어가는 것이다.

1.4 철학 함에 있어서 무전제의 철학의 이념은 앞에서 언급한 선험적 계기와 동떨어진 것이 아니다. 인식을 가능하게 하는 선조건을 탐구하려고 하는 철학은 전제를 - 그 비판적 절차와 일치하기 위하여 - 받아들일 수 없다. 그와 같은 철학, 즉 전제로부터 자유로운 철학은 오직 인식과 경험에 의해 내포된 전제 자체를 면밀히 탐구해야 한다. 철학적 탐구를 위해 가능한 전제는 두 층 - 소박하게 정립된 사실과 존재자의 층 그리고 초월적으로 무조

건적인 실재(또는 실재성)의 형이상학적 층 - 에서 드러날 수 있다. 마찬가지로 현상학은 고차의 형이상학적 구속의 극으로 나가려고 하고, "자연주의적"(전형적으로 후설이 표현하는 것처럼) 구속의 극으로 분명히 나가려고 한다.

II. 현상학적 기획

2.1 무전제의 철학의 이념은 현상학이란 새로운 철학적 분과의 목표로서 이바지한다. 물론 이러한 가능한 전제 - 형이상학적 전제나 그 밖의 다른 전제 - 로부터 해방의 목적은 철학에 있어서 절대적으로 새로운 것이 아니다. 왜냐하면 이미 아리스토텔레스(Aristoteles)에 있어서도 "제일철학"(Erste Philosophie)의 구상이 지배하고 있었기 때문이다("제일철학"은 후설 저작의 제목이기도 하다). 데카르트도 신념과 전제로부터 자유로운 철학을 구현하려고 하였다. 후설은 그 이념을 보다 철저하고 엄밀하게 탐구하였다. 즉 전적으로 새로운 탐구노선을 이끌음으로써 확고한 방법론적 원리를 탐구하였다.

2.2 사실 전제로부터 자유로워야만 하는 새로운 철학적 분과의 철저한 기획을 제기함에 있어서 후설은 근원의 문제 - 그가 표현하는 것처럼 "되물음" - 를 제기한다. 다시 말하면 이것은 경험으로부터 인식형식 - 과학적 유형과 선과학적 유형의 형식 - 을 이끄는 근본적 근원에로 귀환하는 것을 의미한다. 그러므로 현상학 이전의 임무는 과학과 철학의 구조를 형성하는 의미의 정초에 관

한 발생적 문제를 다루려는데 있다. 현상학은 사상이라는 실재의 소박한 수용을 쉽게 단절할 수 없지만, 대상성의 근원을, 즉 시각적으로 보여지는 대상의미를 구성하는 각각의 본질을 면밀히 탐구하려고 한다. 전형적으로 공언되는 후설의 표어와 같이 현상학적 분석운동은 "사상 자체에로" 귀환해야만 한다(물론 여기서 "사상"은 현실적 대상에 관련된 것이 아니라 현상학적으로 명증적인 요소에 관련된 것이다 - 어떤 점은 이후의 글에서 논의되었다).

2.3 인식의 궁극적 정초에 관한 이러한 철저한 문제가 제기될 때 철학적 체계의 모든 이념을 재형성하려는 어떤 요구가 인식될 것이다. 따라서 후설은 철학을 엄밀한 학으로서 구현하고자 모든 철학적 분과의 재형성을 위해 그의 기획을 이끈다. 사실 후설은 그의 철학적 경륜의 초기 단계에서 그의 기획의 이념, 즉 엄밀한 학으로서의 철학(Philosophie als strenge Wissenschaft)을 이끈다.[1] 이러한 이념은 수학적 인식 - 명석함과 정밀함이라는 점에서 - 의 틀에 철학을 근거 지우고자 하는 데카르트의 구상에 대한 집착을 반영하는 것이다. 만일 철학이 정확한 과학에 속하는 인식의 확실성을 획득하고자 한다면, 후설은 철학이 전적으로 반성하는 의식의 "명증"에 근거해야만 한다고 한다. 현상학적 철학이 주장하는 바는 철학이 엄밀한 명증에 근거한 의심할 여지없는 진술체계이어야 한다는 것이다. 그리고 보여지는 명증은 현상학적 맥락에서 "직관"이라고 일컬어지는 것으로부터 이끌려지는 것이다.

2.4 그러나 대부분 현상학은 어떤 진리에 따르는 과학적 인식

---

[1] Husserl's article in *Logos*, 1910 : "Philosophie als strenge Wissenschaft".

의 이념에 어느 정도 접근할 수 있으며, 엄밀한 의미에서 어떤 철학적 체계나 원리의 전형적인 경우를 아직 표상 하지는 않는다. 그리고 이러한 전형적인 경우가 다른 것들 중에서 엄밀한 과학적 특성을 요구하고 있는 데카르트주의와 같은 그러한 체계와 현상학이 구별되는 특징이다. 그러한 이유는 현상학 자체가 사상에 관한 결정적인 제진리에 관심을 지니기보다는 방법론적 간취와 관점에 관심을 지니기 때문이다. 현상학의 관심은 존재에 대한 이론에 있기보다는 분석방식에 있다. 그러한 의미에서 현상학이 철학적 경향이나 철학함의 어떤 유형을 더욱 지니지만, 세밀하게 짜여진 사유연구라고 부를 수는 없을 것이다. 현상학은 인식과 경험의 이해에서 그 자신의 방법론과 관점을 제공하는 광대한 새로운 철학의 분과이다. 그리고 현상학의 간취는 현상학적 운동 자체의 발전에서 정의되고, 탐구되고 있으며, '아프리오리한' 태도에서 '비직관적'(ab initio)으로 결정되는 것이 아니다.

III. 경험론을 넘어서

3.1 경험의 비판은 철학적 경험론을 의미할 필요는 없다. 인식 해명에서 경험의 일차적 관점을 받아들이는 것은 지시관계의 경험적 틀 속에서만 이행하는 그러한 해명을 내포하지 않는다. 우리는 여기서 그와 유사한 칸트의 공리 - 우리의 모든 인식은 경험에 의해 시작하지만 경험으로부터 발생하는 것은 아니다 - 를 쉽게 생각할 수 있다.[2] 심지어 형이상학적 전제를 지니지 않는다

면, 인식의 완전한 해명을 위한 어떠한 시도는 감각경험의 내용에 의해 이끌려질 필요가 없다. 철저한 인식의 경험적 정초를 확립하려는 어떤 시도는 회의적인 결론(확실히 흄의 경험론의 경우에 있어서처럼)에로 쉽게 이끌려지고 또한 어떤 종류의 언어적 형식주의(현대 분석적 실증적 사유에 있어서처럼)에로 쉽게 이끌려진다. 어떤 경우에 우리는 경험과 인식간의 심연을 관련지으려고 하는 쓸데없는 시도를 발견한다. 즉 인식에 있어서 전제에 의해 경험을 표현하는 어떤 형식주의자는 경험의 직접적 해명이 아닌 경험적 변경을 보다더 주제로 삼는다.

3.2 이제 표상 가능한 모든 표상단계에서 경험은 어떤 일반성을 쉽게 드러내지만, 이 일반성 자체는 경험으로부터 파생되지 않고 또한 파생될 수 있는 것이 아니다. 따라서 보편적 개념이나 범주는 체계화된 경험 - 경험구조 속에 포함된 체계적 경험 - 에 중요한 역할을 하게 된다. 그러나 이러한 개념의 '일반적' 특성은 경험과 관련된 것이 아니며, 즉 경험적 일반화를 통하여 이끌려진 것이 아니다. 왜냐하면 그것이 체계화된 경험에서 제공된다면, 경험적 일반화는 단지 가능성을 이끌 수 있고, 이러한 원리가 요구하는 필연성을 입증할 수 없기 때문이다. 간단히 말하면 일반성의 경험적 근거에 대한 탐구는 충실한 결과를 거의 이끌 수 없다.

3.3 이것은 그러한 일반적 개념의 비경험적(더구나 초경험적) 상태의 문제에로 이끈다. 그것은 고차적 일반성의 '사실'로서 간주될 수 없고, 특수한 사실로부터 일반화를 통하여 획득된다. 더

---

2) Kant, *Kritik der reinen Vernunft*(2. Ausgabe), Einleitung I.

구나 어떤 사실의 중립적 상태는 이미 경험과 관련된 어떤 필연성을 이미 지닌다는 사실을 받아들이는 것이다 - 다시 말하면 '이념적' 상태는 비사실적(그리고 그 외연에 있어서 비실재적)이어야 하지만, 그럼에도 불구하고 전제적이어야 한다. 따라서 그러한 확고한 원리에 대한 탐구는 주어진 것에 대한 단순한 경험적 접근과 다르고, 마찬가지로 어떤 순수형이상학적 접근과 다르다. 일종의 "직관"은 이념적인 것에 관계하는 것으로만 언급될 수 있다. 마찬가지로 직관은 감성적으로 명증적인 것의 직관과 구분되는 것이고, 즉 한편으로 경험적 직관과 다른 한편으로 감성적으로 명증적인 것의 직관에 대한 초감성적 실재(또한 실재성)의 형이상학적 직관과 구분되는 것이다.3)

3.4 따라서 현상학적 사유방식은 인식해명에 있어서 경험적 실증주의의 전통과 분명하게 구분된다. 그것은 감각소여언어(sense-data language)나 "원자적"(atomic) 정신상태의 연합 - 확실히 데이비드 흄의 철학에 있어서처럼 - 에 그 분석을 한정하지 않는다. 현상학적 관점에서 보면, 그 양자 - 의식의 요소적 상의 심리학적 결정 또한 요소적 감각 소여 진술 - 에 대한 환원은 잘못된 방향의 환원이다. 물론 현상학자는 '얼핏보면' 인식체계를 형성하기 위해 경험에 주어진 것을 인식하는 실증주의자의 태도를 공유하고 있는 것으로 보인다. 그러나 주어진 것의 정의와 그 영역은 전적으로 다르게 두 철학에 관계한다. 현상학은 대부분의 경험주의자의 전

---

3) 가령 전자의 의미에서 직관은 Anschauung이라는 칸트의 사용(그의 제일비판인 "선험적 감성론")에서 보여지고, 후자의 의미에서 직관은 형이상학적 철학의 일반적 전통에서 보여지는 것이다.

통에 의해 가로놓인 한계 - 즉 감각지각의 한계 - 와 그와 함께 관련된 심리주의적 원자론의 전통에 가로놓인 한계를 극복하고자 한다. 우리는 현상학을 보다 고차의 실증주의 - 보다 적절하게 말하면 "선험적 실증주의"(transcendental positivism) - 로 간주하려고 해야만 한다.(제 2 장 참조).

IV. 새로운 방법 : 새로운 논리학

4.1 존재는 감각소여에 대한 경험주의자의 구속의 한계 속에 한정할 수 없고, 아직 의식의 직접적 명증에 쉽게 제시되지 않기 때문에 현상학은 그 자체의 탐구방법을 구축하려고 한다. 방법에 대한 요구는 인식의 확고한 정초에 대한 각각의 견해를 확립하려고 시도한 근대 철학자들에 의하여 - 데카르트와 칸트와 같은 이, 그 밖의 다른 철학자들에 의하여 - 특히 인식되었다. 비사변철학자와 마찬가지로 흄은 이미 방법론적인 의식을 지니고 있었지만, 단지 그는 그 문제를 심리학적 방향에로 이끌었다. 이제 무전제의 철학, 즉 전제 자체를 면밀히 탐구하는 철학에 대한 후설의 기획은 경험분석과 해명에 있어서 어떤 새로운 방법을 요구한다. 심리주의적 환원에 의한 경험주의의 접근으로부터 정신적 요소나 귀납적 일반화에로 이행할 때, 동시에 현상학은 순수한 형식적-분석적 절차에 의존하지 않는다.

4.2 사실 방법론은 현상학적 철학 - 절대적으로 확실한 진리를 노리는 철학, 그럼에도 불구하고 실재적 존재로부터 해방된 절대

적으로 확실한 진리를 노리는 철학 - 의 중대한 관심사 이다. 따라서 새로운 논리학, 새로운 추론방식에 대한 요구가 제기되고, 경험을 초경험적인 것과 관계지우는 임무가 따른다. 비판철학에 있어서 칸트는 형식논리학을 대신하지는 않지만, "선험적 논리학"4), 선험적 방법을 이미 예기하였고, 그것에 중요성을 두었다. 방법론을 칸트보다도 엄밀하게 인식한 후설은 칸트의 선험적 논리학으로부터 그 실마리를 받아들이지만, 매우 엄밀하고 철저하게 방법론의 함유를 탐구하였다.

4.3 현상학적 절차의 목적은 주어진 것의 직관적 요소와 '아프리오리한' 요소에 조화를 이끄는 것이다. 그러나 현상학은 흔히 경험적 귀납과 형식적 연역이라는 각각의 영역에 속하는 두 논리학의 노선에 분명히 귀착하지 않는다. 개연성을 이끄는 귀납은 진정한 논리적 개념이나 법칙의 '아프리오리한' 상을 정당화할 수 없다. 다른 한편으로 순수 형식논리학, 즉 형식적으로 '아프리오리한' 것에 속하는 논리학은 경험적으로 주어지는 것의 층의 배후를 추적하는 '아프리오리한' 함유에 따른 '작용양태'를 복합적으로 제공하지 않는다. 만일 모든 상황이 현상학적 관점으로 통찰된다면, 확고한 속성(또는 이념성)을 이끄는 문제는 명증영역 - 명증영역을 통하여 비경험적, 비사실적 영역일 수 있다 - 속에서 발생하는 것이다. 따라서 선험적 논리학은 전통적인 형식적-객관적 논리학과의 엄밀한 구분에 있어서 추론의 새로운 층을 약속하는 중요한 역할을 하게 된다(제 3 장 참조).

---

4) "Transzendentale Elementarlehre", 2. Teil, *Kritik der reinen Vernunft*.

V. 주관주의에로 귀환

5.1 일상적인 형식적-논리적 추론과 다른 앞에서 언급한 "선험적 논리학" 또는 철학함의 선험적 방법은 경험으로부터 전제에로 거슬러 가지만, '그 역'은 아니다. 그러한 방식에서 확고한 전제는 인식하는 의식 자체의 인식과 본질적으로 관련됨으로써 그 자체가 드러난다. 사실 논리적 속성과 형이상학적 속성의 '존재근거'(raison d'être)는 의식이나 주관성의 발생적 작능에 있다. 결과적으로 선험적 방법의 어떤 추구는 형식적-객관적 태도로부터 인식의 주관적 층 또는 인식의 주관적 지향의 층에로 이행할 것을 요구한다. 그것을 단순히 확립하기 위하여 현상학적 해명방식은 인식되는 대상으로부터 이끌려지지 않고, 우리의 대상인식이 획득되는 방식으로부터 이끌려진다.(우리는 여기서 소위 칸트주의의 "코페르니쿠스적" 관점을 생각할 수 있다).

5.2 그러나 주관성에 대한 현상학적 관심 - 대상이나 객관적 실재를 무시함에 있어서(대상성 즉 반성하는 의식에 대한 대상의 현전함을 통해서가 아니라) - 은 심리학적으로 지향된 인식이론에 대한 어떤 선택으로 쉽게 오해될 수 있다. 그와 같이 문제의 어려움은 진정한 현상학적 맥락에서의 주관성의 정의에 있다. 직관적으로 명증적인 것에 근거하여 이념성을 정립하는 현상학적 방법은 심리학적 주관주의에 의해서 손상되는가? 더구나 의식 - 모든 대상성의 양태를 환원하도록 하는 의식 - 은 심리학적 용어로 이해되어야만 하는가? 그러한 비판은 현상학이 방법적 간취와 결론에서 주관주의(좁은 심리학적 의미에서)를 함유할 때 직면하

는 것이다.(제 4 장 참조).

5.3 물론 현상학은 주관성에 대해 그 자신의 실증적 개념을 지닌다. 모든 대상의미가 형성되는 지시관계의 틀을 제공함으로써 주관성은 모든 대상분석의 전제로서 간주된다. 따라서 어떻게 그러한 주관성의 본성은 모든 해명을 위한 전제로서 보다 다른 어떤 것으로 정의될 수 있는가? 사실 "선험적 주관성"(transcendental subjectivity)의 개념은 그러한 전제적인 기능적 상태를 지시한다. 궁극적 분석에 있어서 "선험적 주관성"은 현상학적 용어로 더이상 환원될 수 없는 지시관계의 최종적 용어로 입증된다. 그러나 문제는 여전히 발생한다: 주관성(또는 의식)은 어떤 명목적 표현(nominal expression)이나 괄호쳐진 용어(blanket-term)로서만 이해되어야 하는가?(제 4 장 참조).

5.4 주관성의 문제는 또 다른 국면, 즉 구체적인 인간적 인격의 국면으로부터 드러날 수 있다. 그러한 문제는 다음과 같이 발생한다: 보편적 해명의 원리를 전제하는 주관성의 근본개념과 '인격'(다른 방식에서 '자아'로서 지시된 인격)으로서 일상적으로 지시되는 실재적 복합은 어떻게 관계되는가? 왜냐하면 주관성(즉 의식)은 '얼핏보면' 인간적 개체나 인격의 맥락에서 지적인 것이다. 그러므로 '인격적'이라고 일컬어지는 영역, 즉 인격과 관련된 현상영역의 현상학적 분석은 현상학적 철학의 이해를 위해 특히 중요한 것이다. 따라서 현상학에 있어서 인격개념에 대한 지향은 실재적 자연의 이해를 위한 숙고로 받아들여지는 것이고 그리고 그러한 체계에 있어서 주관성의 국면을 이해하기 위한 숙고로 받아들여지는 것이다.(제 5 장 참조: 현상학적 탐구의 사실적 방법

은 존재의 의미영역, 즉 인간적 인격 - 말하자면 주관성의 원리 하에 가장 밀접하게 놓여 있는 인격 - 에 의해 그 예를 제시해 주고 있다).

VI. 과학의 해명

6.1 그러나 주관성에 의한 현상학자의 선취와 본질적으로 그것에 의해 이루어지는 대상성의 해명은 근본적으로 현상학의 '기술적' 특성을 상실하지는 않는다. 물론 현상학적 의미에서 "기술"은 사실이나 사건에 속하는 것이 아니라 (반성하는 의식의 영역에서 명증적인 것으로서) 실재의 중립적 본질(reality-neutral essentialities)에 속한다. 따라서 현상학적 탐구방법은 경험 가능한 모든 영역에서 접근할 수 있다. 그리고 이러한 접근에 있어서 현상학은 그 자체로 어떤 과학으로부터 제공될 수 없고, 어떤 과학의 대체를 제공하지 않지만, 자연과학의 일반적 절차와 관계된 어떤 점을 공유하고 있다.

6.2 자연과학의 합리성의 분석 - 그 '작용양태'와 개념적 구조 - 은 사실 현상학적 철학의 중요한 관심 중의 하나이다. 그래서 과학적 인식의 정초와 관계된 문제는 그 인식구조의 현상학적 분석 노선에서 탐구되어야 한다. 따라서 과학이론에서 형성되는 개념의 형성과정은 (그것의 기원에 의하여) 의식작능에서 보여지는 것이다. 여기서 다시 현상학적 과학철학 - 그것이 제시될 수 있는 한 - 은 과학적 인식의 선택적 해명이라는 요구를 지니고 실증주

의적으로 지향된 과학철학 - 특히 현상주의(phenomenalist)의 관점 - 에서 드러난다.

6.3 방법론적 비판을 넘어서 현상학은 그 이론적 층에서 실증과학의 모든 '존재근거'에 대한 근본적인 비판을 더욱 제공한다. 따라서 추상은 수학적으로 지향된 자연과학의 이론적 초구조의 발전을 위해 중요한 것으로 간주된다. 결과적으로 이러한 추상에 의해 일상적인 경험의 층으로부터 과학적 이론이 분리되는 것이다. 말하자면 실증과학의 객관성 - 다른 방식에서 그것의 가장 큰 효과를 지닌다 - 은 분석에 의하여 그 방법과 간취에 있어서 본래적인 근본적 단점을 속이고 있다는 것이 드러난다.

6.4 선험적 분석의 보편적 방법을 받아들임으로써 현상학은 상술한 추상주의를 통하여 발생하는 비판적 상황(후설은 그것을 "위기"라고 일컫는다)에 쉽게 직면한다. 후설이 권고하는 것과 마찬가지로 이러한 상황을 드러내는 실재적 방식은 과학을 이끄는 일상적 경험의 원본적 세계에로 귀환하는 것이다. 그리고 그러한 방식은 어떤 독단적인 이행이 아니다. 왜냐하면 과학의 이론적 산물의 은폐된 의미가 회복된다면, 어떤 관계가 주관성의 정초에 의해 확립되기 때문이다 - 물론 그렇지 않다면 우리는 자연과학의 이론적-추상적 구조의 의미 문제를 숙고할 수 없다. 이제 이러한 관련에 의하여 우리는 아직 작용되지 않는 매우 복잡한 개념을 지닌 주관성의 어떤 잠재적 영역에서 보다도 다른 어디에서 탐구를 시작할 수 있는가? 그리고 후설은 모든 의미내용이 그에 따른 개념을 구성하기 위하여 나가는 근본적 층으로서 선과학적 경험세계 - 그는 그것을 "생활세계"라고 부른다 - 를 지적한다.

이때 그는 과학 - 아니 모든 가능한 인식 - 의 정초의 현상학적 해명에 있어서 삶의 세계(생활세계)의 주요한 의미를 지적한다. 따라서 현상학의 초기의 언명인 "사상 자체에로"는 경험에로 귀환하라는 표어로 대체된다.(제 6 장 참조).

Ⅶ. 형이상학적 문제

7.1 모든 현상학적 탐구를 통하여 유지되는 문제는 실재성의 문제이다. 그러한 관심은 경험에 있어서 명증적인 것의 일차적 분석에 중점을 두며, 따라서 현상학은 분명히 비형이상학적이다. 현상학은 "경험의 형이상학"(칸트의 방식에서) - 그것에 대한 어떤 개방된 체계를 통하여 - 으로서 가장 잘 숙고되어질 수 있고 그리고 실재의 형이상학으로서 숙고되어질 수 없다. 의식철학이나 과학철학으로서 현상학이 형이상학적으로 구속되지 않는 입장을 제공하는 한, 현상학의 관심은 그와 같은 "존재의미" - 이론에서 가정된 실재성에 있기보다는 경험에서 전제된 이념성 - 에 있다. 왜냐하면 실재성의 형이상학적 문제에 대한 구속 - 자연적 층이나 초감성적 층에 그것이 있다 - 은 진정한 무전제적인 탐구 방법에 의심할 여지없이 존재하기 때문이다.

7.2 이미 현상학적 탐구 - 어떤 점에 있어서 - 는 형이상학적 문제에 대해서 모호한 것으로 여겨진다. 실재의 이론이나 존재(Being)의 이론을 직접적으로 노리지는 않지만, 현상학적 탐구는 궁극적으로 그와 같이 존재하는 것의 본성에 관한 존재론적 문제

를 피할 수 있는지, 없는지 의심스럽다. 심지어 어떤 존재론적 함유가 이념적인 것에 관계되는 것인가? 각각의 경험영역에 속하는 본질은 그 자체로 실재의 맥락과 다르게 전적으로 이성적인 것인가? 그것은 말하자면 "영역적 존재론"이라는 영역의 두 층 - 본질의 층과 실재의 층 - 간의 어떤 조화를 위해 현상학적 노선의 어떤 시도로 여겨진다.(제 7 장 참조).

7.3 이러한 존재론적 상의 문제는 현상학적 해명의 확고한 근본원리, 즉 선험적 주관성이나 의식과 관련하여 특수한 위기를 제기한다. 자율적 영역으로서 그리고 모든 의미의 집으로서 지시되는 순수의식의 개념은 그것의 실재성에 관한 문제의 해명을 이끈다. 그와 같은 원리는 그 자체의 실재적 상을 지니지 않고 근본적으로 유지될 수 있는가? 보다 분명한 해명에서 현상학은 형이상학적 요구와 엄밀한 의미의 현상학적 중립간에 놓여 있는 것으로 여겨질 수 있다. 의식의 실재성의 문제에 관심을 지니는 한.(제 7 장 참조).

7.4 현상학은 엄밀한 분석의 노선에서 의심할 여지없이 신선한 철학적 탐구를 제공하고, 형이상학적 구속으로부터 자유로운 탐구를 제공한다. 최소한 형이상학적 구속이나 이론화는 현상학적 절차 - 철학함에 있어서 의심할 여지없이 어렵게 추구되는 이념 - 에 쉽게 영향을 미치지 않는 것으로 여겨진다. 그러나 전제로서 받아들여진 현상학적 철학에서 현재 발견될 수 있는 형이상학적 세계관에 대한 어떤 지향은 총체적으로 받아들여지는 것이라고 할 수 있다. 현상학적 탐구의 길에서 개시된 문제를 유지하는 것은 궁극적으로 목적론적으로 지향된 관념론적 형이상학을 위해

암암리에 형이상학에로 이끄는 것으로 여겨진다. 그리고 아마도 그것은 어디선가 드러나고, 엄밀한 현상학적 한계를 넘어서는 것으로 여겨진다.(제 8 장 참조).

제 2 장

현상학과 경험주의의 전통[1]

I

실증주의 - 대부분의 경험적 철학에서 넓은 의미로 받아들여지는 "실증주의" - 의 중심점은 인식의 해명에 있어서 '주어진' 것에 대해 강조하고 있다. 일반적으로 경험적-실증적 철학(empirical-positivistic philosophy)에 따른 모든 인식은 인식의 근원으로서 감각적으로 주어진 것에 근거한다. 따라서 실증주의는 주어진 것의 철학(a philosophy of the given)이라는 경향을 지닌다 - 실증주의는 '실증적인' 것에서, 의식에 사실적으로 근원적으로 주어진 것에서 전제로부터 자유로운 모든 인식체계의 토대를 탐구한다. 이러한 의미에서 후설은 현상학이 실증주의에 이를 수 있다고 한다; 일상적인 관점과 관련하여 그는 다음과 같이 언급한다: " …… 따라서 우리는 진정한 실증주의자이다."[2]

방법론적 원리의 문제로서 현상학은 "명증"(evidence)에로 귀환

---

[1] "Phenomenology and Positivism", pub. in *Philosophy and Phenomenological Reaseach*, June, 1963에 수록되었던 글이다.
[2] Husserl, *Ideen* I. §20.

한다. 현상학이 모든 이성적 진술에 대한 "권리근거"(Rechtsquelle)로서 받아들이는 것은 직접적인 "봄"(Sehen)이다 - 봄은 감성적 경험의 소박한 봄이 아니라 근원적으로 주어진 의식의 의미에 있어서 봄이다. 이러한 표현 속에서 후설은 "모든 원리 중의 원리"를 공언한다: "직접 직관하는 모든 유형은 정당한 권리근거를 형성한다; 직접적 직관에서 그 자체가 현전하는 무엇이든지 - 즉 구신적(유체적)으로 현전하는 무엇이든지 - 비록 그것의 현전화의 한계 속에서 이지만, 그 자체가 현전하는 것으로 단순히 받아들이는 것이다."[3]

상술한 "직관"(Anschauung)의 역할을 올바로 이해하기 위하여 사유 자체의 현상학적 방법이 숙고되어야 한다. 이러한 숙고는 사실 세계의 실존적 실재에서 자연적 신념을 "괄호침"(Einklammerung)으로써 이끌려진다. 그러한 "괄호침"에 의하여 조건화된 사실은 사실을 통하여 보여지는 것이 아니라 "현상"(그와 같은 사실적 대상이 아닌 현상), 즉 대상의미로서 보여지는 것이며, 이는 대상의 사실적 특성의 중립화를 통하여 획득되는 것이다.[4]

다른 방식으로 후설의 원리를 진술하면, 직관내용의 자체 주어짐에 대한 방법론적 지시관계는 보여지는 내용에 관계되지 않는 구성에 대한 연역적 탐구의 여지를 거의 남겨 놓지 않는다. 그에 반하여 방법과 목적은 최종적 근원으로부터, 즉 통찰에서 그리고 통찰을 통하여 그 자체가 제시되는 원리(selbstgesehenen eingesehenen

---

3) *Ibid.*, § 24.
4) E. Fink는 대상의 "확고한 특성에 방법론적으로 실행되는 중립화"를 언급한다. Fink, "Operative Begriffe in Husserls Phänomenologie" in *Zeitschrift für philosophische Forschung*, XI, 1957 참조.

Prinzipien)로부터 모든 인식을 이끌어내야 한다. 그러한 의미에 있어서 현상학적 절차는 어떤 편견에 의하여, 어떤 언어적 구성에 의하여 전환되는 것이 아니다 - 사실 세계 내의 어떤 것에 의해서도 "엄밀한 학"이라는 명칭으로 나아갈 수 없다. 그에 반하여 그것은 무엇이든지 분명하게 보여지는 것의 권리를 받아들여야 한다 - 그것은 해명을 위해 모든 이론을 이끌고 그리고 궁극적으로 모든 규범을 확립하는 의식에서 근원적인 것을 구성한다.[5]

그러나 후설 현상학은 주어짐의 원리에 대해서처럼 경험주의와 실증주의 전통에 의하여 이끌려지고 있다. 그러나 두 가지 동기에 관한 이러한 점의 구분은 이 모든 주어짐의 요소의 해명에 의해 주로 결정되는 것이다. 심지어 후설의 "모든 원리 중의 원리"는 직접적으로 주어진 것이나 일차적으로 직관된 것을 엄밀하게 구성하는 것에서 충전적으로 분명하게 구현되지 않는다. '주어진' 것은 소박한 감각소여, 즉 감성적 직관의 소여로부터 사고의 '이념적' 보편성의 최고로 가능한 한계에로 관계지을 수 있다. 현상학은 이념적 구성이나 형이상학적 전제와 실증주의적 경험주의의 부인을 공유하고 있는 것으로 여겨진다; 이 모두는 주어진 것의 영역을 넘어서 있다. 그럼에도 불구하고 "주어진 것"은 실증주의에 있어서 보다도 현상학에 있어서 더욱 넓은 영역을 지닌다.

여기서 현상학에 있어서 인식되는 이념적 일반성, 즉 본질이나 본질성은 그 표현의 엄밀한 의미에 있어서 '주어진 것'으로서 받

---

5) "Entwurf einer Vorrede zu den 'Logischen Untersuchungen'" (1913), ed. by E. Fink in *Tijdschrift voor Philosophie*, Ⅰ (1939), §3 참조.

아들여질 수 있는 가라는 문제가 발생한다. 현상학은 오직 특수하게 경험된 것에 주어짐을 제한하는 그리고 일반적 본질과 이념성의 직관 가능성을 거부하는 실증주의와는 확실히 다르다. 후설에 따르면 실증주의자들은 특수한 소여나 감각소여 이외의 다른 어떤 것도 받아들이지 않는 편견을 지니고 있다. 경험론은 개별적 감각의 특수성만이 근원적으로 주어질 수 있다고 일반적으로 전제한다. 물론 그와 같은 보편의 직관적 파악 가능성의 부인은 "본질"형식에서 보편적으로 가능한 (이념적) 존재의 부인에 의하여 이루어지고 있다.

경험적 철학의 비판에 있어서 후설은 어떻게 인식의 이념적 보편성의 부인이 인식 자체의 경험이론의 구조 속에서 깊은 대립을 함유할 수 있는 가를 보여준다.6) 따라서 로크(Locke)에 의해 "보편적 이념"의 원리, 직관적 인식이론과 논증적 인식이론 그리고 순수수학과 순수도덕이 직관과 진술에 근거하고 있다는 인식이론이 발생하였다 - 이 모든 것은 경험론자의 견해 자체와 명백하게 대립된다. 로크는 실증과학의 객관성이라는 인식론적 정초를 심리학적 탐구를 통하여 제시하려고 한다. 이것은 외부와 내부 감각으로부터 이끌려진 인식여건에 관한 그의 감각주의적 입장에 의하여 이끌려진다. 감각주의는 심리학적으로 지향된 로크의 인식론의 토대에서 유지되고 있다; 궁극적 분석에서 모든 인식의 오직 확실한 토대는 자기경험과 그것의 내재적 소여영역에 근거하고 있다. 후설이 "여건의 감각주의"(Sensationalism of data)라고

---

6) Husserl, *Die Krisis der europäischen Wissenschaften und die transzendentale Phänomenologie*, (secs. 22ff).

제 2 장 현상학과 경험주의의 전통 27

부르는 관점에, 로크는 외부와 내부 감각의 특수한 소여로 구성된 "보편적 이념"의 형식에서 그의 추상주의의 이론을 제공한다.

로크의 추상이론에 대립함으로써 후설은 보편적 '본질성'(Wesenheiten)이 대상이라고 주장하고 또한 더구나 의식 속의 대상으로서 의미된 것이라고 한다. 개별적인 내용처럼 그것은 그것을 의미하는 다양한 의식의 통일이다. 그리고 후설은 특수한 종류의 본질내용과 같은 직접적인 자기파악(Selbsterfassung)이 명증적으로 가능할 때, 그것은 의식에서 '지향된 대상'으로서 그 자체가 현전한다고 한다. 그러나 후설은 보편적 본질성에 관한 그 자신의 주제에 반하여 발생될 수 있는 거부를 예단한다. 결국 사유가 간접적 의식일 때, 직관은 직접적 의식이다. 직관이 어떤 주어진 것 속에서 파악할 수 있는 수동성을 의미할 때, 사유는 주어진 것으로부터 이끌려지는 다양한 능동성을 지닌다. 그러나 이러한 점에서 그것은 심지어 수동성이 그것의 직접성에도 불구하고, 그 자체 속의 다양한 함유등을 제시한다고 후설에 의해 지적되고 있다; 또한 유사하게 사유의 능동성의 경우에 있어서 이질적인 음영이 보다 엄밀한 탐구에서 드러날 수 있다. 능동적 종합의 모든 영역은 사고 속에서 스스로 주어지는 통일을 구성할 수 있다. 그래서 "직관"의 이념은 그것의 영역 속에서 의미의 특수성뿐만 아니라 - 그리고 보다더 중요하게는 - '이념적' 개념과 전형을 이끌기 위하여 확대되어야만 한다.

이러한 점에 있어서 후설은 단지 어정쩡한 직관주의나 가상적 경험주의(Scheinempirismus)로서 경험론 - 특히 로크의 형식 - 을 비판한다. 왜냐하면 후자에 있어서 경험 - 그 자체로 보여지는 내용 - 에로 귀환하는 경험주의의 원리는 단지 부분적으로 탐구되는 것이고, 그것의 충실한 일치성에 있어서 탐구되는 것이 아니기 때문이다. 비록 로크가 내적인 심리학적 탐구라는 이념을 지니고 출발하지만, 그는 현상학이 노리는 "순수의식의 형상적 학"(eidetic science of pure consciousness)이라는 이념을 파악하는 데는 실패했다.[7]

다른 맥락에서, 즉 [논리연구]에서 후설은 이념적 법칙("실재적 법칙"과 구분되는 "이념적 법칙")에 대한 순수심리학적 토대의 부당성을 이미 드러냈다. 그는 심리학이 심리적 현상과 경향 그리고 유기적 과정으로부터 일반화로서 경험적 일반개념을 보다 더 제시할 수 없다고 한다. 그것은 심리학이 필증적 명증, 모든 논리학의 핵을 구성하는 초경험적 법칙과 엄밀한 법칙에 따를 수 없는 이유이다.[8]

II

데이비드 흄(David Hume)의 경험적-실증주의 철학으로부터 후설 현상학의 구분은 특히 주목할 만한 가치가 있다. 흄은 로크의 경험주의의 방향을 더욱 철저하게 이끌었다. 이미 버클리(Berkeley)는 감각주의를 이끌었고, 어떤 명목론적 방향에 대한 로크의 인식론의 심리학적 정향을 간직하였다; 흄은 원자적 심리학의 유형에

---

7) Husserl, *Erste Philosophie*, Vol. I. sec. 19.
8) 이 책의 제 3 장 6절 참조.

서 그것을 발전시켰다. 흄에 있어서 신체적인 것이나 정신적인 것이나 모든 존재는 그 자체를 요소적인 심리적 여건에로 환원하고, 어떤 "자아"(Ⅰ)에 융합되지 않는 지각의 다발로 환원한다. 의식의 원자들에 의하여 모든 경험내용은 해명되어지는 것이다; 그리고 외부 세계의 법칙에 상관관계를 지니는 연합과 습득의 내부 법칙이 거기에 있다. 결과적으로 그 대상성에도 불구하고, 전세계는 정신적 삶의 내재적 법칙에 따르는 주관성 속에서 그 발생을 지니는 분명한 형식이나 "허구"의 어떤 체계에로 환원되어지는 것이다. 따라서 "허구주의적 인식론"(fictionalistic epistemology)은 물론 흄의 심리학으로부터 발생한다; 모든 대상성의 범주는 단지 "허구"인 것으로 여겨지는 것이다.

과학의 객관적 세계에 대한 회의적 태도 - 또한 후설이 표현한 것처럼 과학일반의 "객관주의" - 에 관심을 지닐 때, 어떤 의미에서 후설은 흄이 지닌 문제를 지닌다. 흄과 마찬가지로 후설은 과학적 세계의 객관적 타당성을 문제삼는다. 그러나 회의주의에 있어서 흄이 객관적 해명의 일상적 범주, 그같은 인과성, 실체 등에로 더욱 나아갈 수 없을 때, 후설은 그의 관심을 일상적 경험에서 주어진 세계에 관한 수학적-물리적 구성에로 더욱 나간다. 후설은 그와 같은 과학적 세계의 타당성에 대해 반대하지는 않지만, 그는 일상적 경험의 구체적 세계 - 후설이 표현하는 것처럼 선과학적 "생활세계"(Lebenswelt) - 로부터 추상화된 과학적 해명의 단절을 단호하게 지적한다.9) 그래서 흄과 다르게 후설은 일상적으로 받아들여진 과학의 범주를 탐구하지는 않지만, 그는 갈릴

---

9) 후설의 과학비판에 대해서는 이 책의 제 6 장 참조.

레이적인 모든 시도를 더욱 탐구하고 그리고 생생한 경험세계에 놓여 있는 이론적-논리적 초구조를 구성함으로써 이끌려지는 물리적 과학을 더욱 탐구한다.

후설은 날카로운 비판주의에서, 심지어 그 속에서부터 흄주의를 누구보다도 덜 지니는 것은 아니다. 후설에 따르면 흄과 그를 따르는 경험론자들은 오직 의식의 두 요소, 즉 인상과 이념을 물리적 기호(sachliche Merkmale)로 전환한다. 이러한 사물특성이 지닌 속성(심리적 유형임에도 불구하고)은 인상과 이념 그리고 인상의 원본성간의 흄의 구분을 무효화한다. 나의 의식이 직접적으로 명증적인 것의 영역을 나타내는 한, 인상과 이념의 구분은 사물의 두 유형의 소박한 구분을 드러내는 것이다. 현실적인 어떤 혼란은 "인상의 이중적 국면 - 그것의 명증적 특성과 실체적 특성 - 에 대해서처럼 거기에도 있다. 한편으로 인상은 '사상'으로 간주되는 것이고 그리고 그와 같은 것은 물리적 기호의 사용을 통하여 기술되어지는 것이다. 다른 한편으로 그것은 경험되어진 자체-소여내용이라는 경험 자체가 있다고 받아들인다. 이제 소박한 사상은 기호화 없이, 의미화 없이 존재한다. 그러나 흄에 있어서 인상은 의식작용에서 명증적 입증으로서 충분히 제공되는 그러한 직관을 위한 인식론적 표제이다. 그러나 그와 같은 '사상'은 어떤 것을 입증할 수 없다; 지각함에 있어서, 기억함에 있어서, 그 밖의 다른 방식에 있어서 그것을 지니는 그 자체 표상 - 현상학적 언어로 말하면 "자체 직관" - 속에서만 명증적인 어떤 것이 입증되고, 증명될 수 있다.

후설은 흄의 이론에서 진술되어진 귀납적-경험적 객관주의에서의 불일치성을 더욱 보여주려고 한다. 경험적인 귀납적 법칙에 따라 내적 경험의 사실을 이끌기 위한 근본적인 시도는 의식영역을 비이성이나 '개연성'의 영역에로 환원하도록 요구한다; 왜냐하면 흄의 경험론 자체에 따르면, 그것은 소박한 경험적 법칙의 타당성을 위한 절대적 근거일 수 없기 때문이다. 한편으로 흄의 원자론과 연합론이라는 심리학은 객관적으로 타당한 과학이고자 하며, 다시 이러한 과학은 흄 자신의 승인 위에서 가능한 모든 인식의 정초로서 이바지하려고 한다. 그러나 그와 같은 과학에 관한 흄의 분석에 따르면, 결국 이러한 심리학 자체는 주관적으로 근거된 것으로서만 다루어지는 것이다 - 그리고 그 외연에서는 '객관적' 심리학과 다른 것으로 다루어지는 것이다. 흄의 이론에 있어서의 근본적인 예외가 여기에 있다.

흄주의에 있어서 커다란 대립 - 그리고 어떤 근본적인 대립 - 은 후설에 의하여 다음과 같이 지적되고 있다: "허구로서, 모든 실재성과 실재성의 과학을 허구로서 진술하려고 하는 이론으로서 흄의 회의주의의 모든 구상은 어떤 종류의 지적인 부정직을 통해서만 가능하게 된다."10) 한편으로 흄은 인과성의 관계라는 합리적 진리를 인식하였다 - 사실 이러한 합리성의 해명이 그의 문제이다. 다른 한편으로 흄주의의 결정적인 주제는, 그것이 직접적인 경험판단에 의하여 "인상"형식 속에서 정당화될 수 없는 한, 원리의 불리함을 주장한다.

결과적으로 후설은 흄의 회의주의가 철학 자체 - 사실 세계에 대한 모든 체계적 인식 - 의 "전복"으로 끝났다고 주장한다. 그것

---

10) *Erste Philosophie*, Vol. I, §25.

은 "객관적 인식의 전복"(ein Bankrott der objektiven Erkenntnis)으로 드러난다.11) 흄주의의 이러한 운명 속에서 다시 후설은 명백한 대립을 발견한다. 왜냐하면 궁극적 분석에서 철학은 사실들에 관한 모든 과학이 불합리한(즉 개연적인) 것이라고 진술하기 때문이다. 다른 한편으로 철학이 흄에 있어서처럼 단지 보편적 심리학이라면, 철학 자체는 "사실학"으로서 다루어져야 한다.

 엄밀하게 일치하는 보편적 범주와 그것의 파악이 단지 주관적 허구라는 모든 단언은 그 스스로 타파되는 것으로서 입증된다. 왜냐하면 그때 "허구"에 관한 (일반적) 진술은 오직 '개연적' 진술로만 다루어지기 때문이다 - 일반적인 개연적 진술의 객관성이 분명히 거기에 존재하는 것을 보증하지 않기 때문이다. 이제 개연성에 대한 흄의 입장은 현상학적 분석의 견지에서 비판주의의 주제가 된다. 보편적인 경험적 진술의 '심리학적' 분석에 있어서 이러한 진술은 필연적으로 개연성의 진술이고, 합리적인 것 - 다른 방식으로 "이념의 관계"영역 속에서 현상학적으로 파악되어지는 것 - 은 잘못된 것이다. 후설은 근원적 경험(Empirie) 속에서 그것에 상응하는 명증 - "개연적 진술의 명증"(die Evidenz der Wahrscheinlichkeitsbehauptung) - 에 대한 개연적 진술에 관계하고, 그것으로부터 법칙의 객관적 타당성에 속하는 이념적 개연성이 궁극적으로 획득되는 것이다.12)

---

11) *Die Krisis* etc., §23.
12) *Erfahrung und Urteil*, Beilage II. p. 472ff. 또한 이 책의 제 4 장의 4절 참조.

III

 그러나 흄의 회의주의에 있어서 여전히 후설은 현상학적 철학의 선구자를 발견한다. 왜냐하면 흄의 실증주의는 회의적 태도의 완결로 특징지워질 뿐만 아니라, "근원학"(Grundwissenschaft)에 대한, '선험적' 특성을 지닌 것에 대한 결정적 단계로 특징지워지기 때문이다. 흄의 감각주의적 주관주의(sensationalistic subjectivism)는 명증에 정향된 내재적 철학에 기여하고 그리고 현상학이 제기하고 있는 것과 같은 진정한 "직관주의적" 철학을 확대하려고 한다. 사실 후설은 흄의 "인성론"(Treatise)이 현상학이 지녀야 하는 것의 최초의 체계적 묘사를 제시한다는 것을 인정한다 - 비록 그것이 감각주의의 역방향을 사실적으로 받아들였지만 -.[13]

 "선험적 주관주의"(transcentental subjectivism) - 칸트철학에 있어서 보다 분명하게 공식화된 것 - 라고 일컬어질 수 있는 것의 발전에로 나아가는데 가장 중요한 단계는 은연중 임에도 불구하고, 흄주의에서 추적될 수 있다. 왜냐하면 경험적 회의주의에 더욱 접근하는 결과는 데카르트주의에 이미 함유되었다고 분명히 명백하게 지적되었고, 즉 그러한 세계의 모든 인식 - 과학적 인식과 마찬가지로 선과학적 인식 - 은 "수수께끼"의 본성을 근원적으로 지니고 있다. 이미 데카르트(Descartes)에 의해 감성의 내재적 능력은 세계의 모습을 산출하는 것으로 받아들여졌다. 버어클

---

13) Husserl, "Nachwort zu meinen *Ideen zu einer reinen Phänomenologie und phänomenologischen Philosophie*", *Jahrbuch für Philosophie und phänomenologischen Forschung*, Bd. XI, (1930) 참조.

리(Berkeley)에 의해 이러한 인식의 감각적 특성은 모든 신체세계를 포괄하도록 더욱 확장되었다. 그리고 흄에 의해 그것은 일상적 경험에서와 마찬가지로 이성적 과학에서 획득되는 모든 세계 자체를 산출하는 그것의 전체성에 있어서 마음 - 연합의 법칙과 "인상"의 능력에 따른 인상과 이념이 구성된다 - 을 지닌다. 그러나 이러한 "산출"은 내적으로 결정된 어떤 허구, 어떤 표상일 뿐이다. 따라서 데카르트주의의 근원적 문제에 대한 부흥과 철저화를 통하여 버클리의 철학에 있어서 그리고 보다 결정적으로는 흄의 철학에 있어서 "독단적" 객관주의는 그 근본에서 동요되었다. 그리고 그것이 세계에 수학적인 합리적 자기실체(mathemetical-rational self-subsistence)를 부여하는 동시대의 수학적 객관주의뿐만 아니라[14] 한 세기나 그 이상의 세기를 통하여 이끌려졌던 객관주의 일반이었다.

흄의 근본 문제는 사실의 문제로서 소박하게 받아들여진 세계의 확실성을 명료화하려는 것이었다. 일단 흄이 세계가 주관성에서 구성된 세계라는 것을 인식했다면, 상술한 존재의 객관성과 과학의 객관적 진리는 그 자신의 실제적인 문제가 된다. 성취하고 일반화하는 구체적인 주관성으로부터 분리된 일상적 의미의 소박한 객관주의와 과학은 더이상 받아들여질 수 없다. 따라서 흄에 있어서 실제적인 문제는 보다 깊은 차원과 궁극적인 의미에서 "세계의 수수께끼"(후설이 표현한 것처럼)를 지닌다. 그리고 현상학적 용어로 표현하면, 후자는 모든 존재가 "주관적 작능"(Sein aus subjektiver Leistung)[15]를 통하여 구성되는 것이라는

---

14) 여기서 지시관계는 후설의 과학일반의 비판에서 다시 드러난다. 제 7 장 참조.

세계의 수수께끼를 궁극적으로 의미한다.

그러나 허구주의(fictionalism)에도 불구하고, 후설은 흄의 실증주의가 인식의 심리학적 이론, 즉 경험적-심리학적 분석에 근거한 인식해명을 거의 넘어서지 못한다고 한다. 그와 같이 흄의 실증주의는 결코 특수한 선험적인 철학적 의미의 인식론에 이르지 못했다.16) 흄주의 속에 포함된 실증적 단서를 탐구하려고 하고, "선험적 주관주의"의 유형에서 구성적 철학으로서 그것을 구축하려고 하는 바는 단지 칸트철학으로부터 이끌려졌다. 후설이 중요하게 사용하는 "선험적"이라는 표현은 이러한 맥락에서 명료화되어야 한다. 선험적이란 모든 인식형식의 최종적 근원에 추적해 들어감 - 사실 후설이 그것을 "되물음"(Rückfrage)이라고 표현하는 것으로서 - 이라는 후설의 문제에서 지도적 개념으로 제공된다. 따라서 그것은 그 자신의 주관성 위에서 인식에 대한 반성을 동반하고, 그 속에서 모든 인식의 타당한 형식이 이끌려진다. 더욱 분석해 들어감으로써 이러한 추정된 근원은 인식함의 현실적이고 개연적인 삶의 전체성에 의해 "자아-자체"(Ich-selbst)로 지시되는 것이다. 선험적 문제를 예료하는 현상학에 있어서 그것은 세계 속의 "나의" 마음과 나의 삶에 대한 이러한 "나"의 관계를 맴돌고, 이는 내가 의식하고 있는 것이며 그리고 진정으로 존재하는 내가 나 자신의 인식-형식(Erkenntnisgebilden)을 인식하는 것이다.

---

15) *Krisis*, 25, p. 100.
16) Husserl, Manuscript M I I: "Phänomenologie und Erkenntnistheoirie", III. 5-6 참조.

IV

19세기 독일의 "경험-비판적 실증주의"(empirio-critical positivism)에 대한 후설의 태도는 이러한 관계 속에서 또한 숙고할 가치가 있다. 마하(Mach)와 아베나리우스(Avenarius)와 같은 독일 실증주의자들은 진리를 감각내용로 환원함으로써 그 시대의 선험적-관념주의철학의 지배에 대립하여 "경험-비판적" 방법과 인식론을 이끌었다. 더구나 그들은 주관의 내부 세계와 외부 세계간의 본질적인 대립을 거부하였고, 엄밀한 과학성의 이념을 옹호하였다. 게다가 실증주의자의 "사유경제론"(Denkökonomie)은 직접적으로 기술적 실천과 그것이 이끄는 경제적 유비에 대한 인간의 이론적이고 과학적인 과정을 해명하려고 한다. 따라서 사유법칙은 상술한 사유경제론의 도구로서 단순히 해명하고, 즉 우리에 대하여 이미 놓여 있는 경제적으로 질서지워진 경험을 해명하고 있다.

경험-비판적 실증주의의 평가 - 특히 마하의 평가 - 에 있어서 후설은 이미 제시되어 있는 현상학적 사유의미를 드러낸다. 주어진 것만의 순수기술을 통하여 인식을 탐구하는 현상학적 방법과 또한 후설에 의하여 받아들여진 것처럼 "엄밀한 학"으로서의 철학을 확립하려는 목적은 경험-비판적 실증주의의 배경에서 커다랗게 반영되었다. 그러나 후설이 현상학적으로 순수논리학과 인식이론의 새로운 정향(Neubegründung der reinen Logik und Erkenntnistheorie)을 시도할 때, 그는 경험-비판주의와 분명히 분리된다. 주어진 것의 기술에 관하여 후설은 분명히 감각적으로 지각할 수 있는 소여를 생각하지 않고, 우리가 이해하는 또 다른 방식, 즉 본질의 형상적

이거나 직관적인 파악 또는 의식의 본질적인 구조를 통하여 획득되는 소여로서 생각한다.

후설은 실증주의자의 "사유경제론"을 더욱 반대한다. 우선 과학적 인식실천(Erkenntnispraxis)의 경제에 대한 마하의 분석을 승인함으로써 후설은 마하가 이러한 분석을 이끌었던 인식론적 결과에 대하여 경고한다. 마하에 의하면 법칙은 다양한 경험적 소여들의 경제적 질서에 대한 일종의 기술적 도구일 뿐이다. 다른 한편으로 후설은 인간학적-심리학적 특성을 수반하는 "사유경제론"에 의하여 함유된 것으로서 이러한 동일화의 원리를 받아들인다. 후설에 따르면 수학적이고 논리적인 범주와 원리의 '아프리오리한' 타당성은 '사유경제론'의 결과로서기보다는 그것의 중요한 가르침의 전제로서 간주되어야 한다. 결과적으로 후설은 심리주의에 반대한 것과 같은 방식으로 이러한 이론의 대부분을 반대한다. 심리주의가 심리적 작용의 결과로서 논리적 추론의 이념적 특성을 잘못 해명한 것과 마찬가지로 "사유경제론"도 상술한 이론적 경험의 "경제적" 본성의 분석에서 사유의 논리적-이념적 조건을 추적한다.(이러한 점에 있어서 후설은 심리주의와 '사유경제론'에 대립함으로써 신칸트주의에 더욱 기운다).

'사유경제론'의 비판에도 불구하고 동시에 후설은 감각분석을 통하여 현상학적 방법의 길을 준비했던 이로서 마하를 인정한다. 후설은 심지어 "선험철학"의 어떤 형식으로서 아베나리우스(Avenarius)와 슈페(Schuppe)의 실증주의적 경험론을 더욱 특징지우고 있다.[17]

---

17) *Krisis*, §56.

V

이미 진술한 것처럼 칸트철학은 진정한 선험적 철학의 틀로서 후설에게 제공되었다; 사실 칸트는 "엄밀한 학으로서의 철학"(Philosophieals strenge Wissenschaft) - 아주 초기에 현상학적 철학의 계획에 있어서 후설에 의하여 받아들여진 표어 - 의 체계를 위한 구체적 가능성을 후설에게 보여주었다. 그리고 이 가능성이 칸트주의에서 가능한데, 그 이유는 그것이 인식의 범주적 형식이 발생하는 것으로부터 그리고 그것이 타당하게 되는 것을 통하여 원본적인 근원, 즉 주관성의 근원을 정립하였기 때문이다. 칸트철학은 모든 대상성의 의미가 형성되고 타당하게 되는 근원으로서 인식주관에로 귀환하도록 제안하는 철학이다. 따라서 경험비판에 있어서 칸트철학은 타당성의 의미형식과 양태에 의하여 대상성의 세계를 해명하기 위하여 받아들여진다. 그리고 이러한 모든 것은 철학에 있어서 새로운 종류의 과학적 기준을 궁극적으로 이끈다.

그래서 흄의 회의주의의 측면으로부터 이탈함으로써 무엇보다도 보편적인 선험적 철학을 시도하는 칸트의 체계는 엄밀한 철학이라는 의미를 지닌다. 후설 자신은 '순수의식의 학'이라는 현상학의 유형에서 선험적 학으로서 이러한 철학의 모든 이념을 발전시키려고 한다. 여기서 비록 방법에 있어서 주관적 심리학과 주관적 존재를 함유하지만, 흄의 회의주의는 왜 현상학에 있어서 직시된 의식의 학과 같은 종류로부터 더욱 이탈하는가를 문제삼을 수 있다. 물론 흄주의에 있어서의 강조는 대상성의 세계로부터 의식영역에로 이행하는 것이다. 그러나 그러한 전이에서 받아들여지는 방법은 심리학적 방법이다 - "인상"에 의하여 환원되는 방법이다.

어떤 다른 의미에도 불구하고, 환원은 또한 현상학적 방법이다. 사실 현상학에 따르면, 선험적 환원방법은 현상학의 근본적인 방법이고 그리고 철학의 주제적 영역, 즉 선험적 주관성에 대한 접근이다. 현상학적 환원은 자연적 관점으로부터 새로운 관점에로 전환하도록 지시하는데, 이는 절대적 의식의 전영역에 대한 통로로서 제공될 수 있다. 현상학적 환원의 표어는 후설이 그것을 표현하는 것처럼 "사상 자체에로"(zu den Sachen selbst) 추적해 들어가는 것이다. 물론 여기서 "사상"은 실재적 대상이나 사실에 관련된 것이 아니라 순화된 경험영역 속에서 직접적으로 명증적인 "현상"에 더욱 관련되는 것이다. 현상학적 의미에 있어서 "현상"은 경험대상의 자기 소여적 '본질'로서 반성하는 의식에서 똑같이 현출하는 것이다.

이제 흄주의에 있어서처럼 경험주의자들의 환원계획은, 이 계획이 객관적 범주로부터 인상 자체에로 귀환하는 이행인 한, 현상학적 절차와 분명히 유사한 것으로 여겨진다. 사실 일반적으로 말하면 이 양자의 관심은 우리의 대상인식이 그와 같은 대상에 대해 획득되어지기보다는 그 방식에 있다는 것이다. 더구나 두 체계는 넓게 그러한 계획의 부정적인 면 - 즉 전제와 신념으로부터 자유 - 을 공유하고 있는 것으로 여겨진다. 형이상학적 존재인식에 의한 현상학의 "부정적 결과"는 흄의 회의적 입장과 잘 비교될 수 있다. 그리고 현상학에 있어서 - 어떤 점에 있어서는 흄

에 있어서처럼 - 환원방법은 무분별한 형이상학적 가설을 금지한다.18)

그러나 이미 지적했듯이 두 환원 방법간의 차이는 또한 명백한 것이다. 단적으로 말하면 경험주의자의 환원은 보다 깊은 본질주의적 통찰 가능성을 함께 지니지 않음으로써 감각소여(sense-data)에만 따른 초단순화의 측면을 지니는 것이다. 상술한 부정적 국면에 의한 분명한 유사성은 또한 지나치게 강조되어서는 안된다. 현상학은 의식의 직접적 소여를 추적해 들어가기 위하여 단지 이행되는 이론적 지각의 목적을 보다더 추적해 들어간다. 자연적 경험의 전세계와 이러한 세계에 관련된 모든 이론과 과학은 철저한 의심이나 "괄호침"에 종속되는 것이다. 현상학적 환원의 암시에 대하여 현상학의 엄밀한 비판가인 핑크는 다음과 같이 언급한다: "세계신념을 선험적 기원의 심연에서 제거하기 위하여 현상학적 환원을 수행해야 하는 것이다."19)

환원에 밀접하게 관련된 것은 일상적인 실증주의철학과 현상학에서 - 특히 현대논리실증주의의 철학에서 분석의 역할이라는 점에서 - 발생하는 '분석'(analysis)개념이다. 이제 현상학적 분석원리에 관심을 지니는 한, 이러한 원리는 복잡한 경험소여로부터 "현상"의 단순한 요소에로 추적해 들어감으로써 본질적으로 획득되는 것이다. 현상의 단순한 요소의미를 분명히 하기 위하여 그것은 대상의 사실적 특성의 중립화를 통하여 유지되는 대상의미

---

18) L. Landgrebe, "Phenomenplogy and Metaphysics", *Philosophy and Phenomenological Reasearch*, Dec. 1949.
19) Eugen Fink, "Die phänomenologische Philosophie in der gegenwärtigen Kritik", *Kant-Studien*, Bd. 38(1933).

(Gegenstandssinn)를 포함한다.20) 이로부터 그것은 체계적인 현상학이 경험의 실재적 분석에 대해 노력하지 않는다는 점을 지닌다. 왜냐하면 순수경험의 내재적 탐구, 그 속에서 명증적인 진정한 본질의 탐구는 경험의 실재적 복합에 대한 탐구를 잘못 받아들여서는 안되기 때문이다.

심리학의 자연주의적 계기 하에서 그러한 오류가 쉽게 발생한다. 그리고 그와 같은 것은 흄의 체계에 있어서 감각주의적 경험분석의 경우이다. 흄의 체계에서 인상과 이념은 경험의 실재적 복합으로서 간주되는 것이고, 어떤 지향적 관계성을 결여한 수동적 요소로서만 간주되는 것이다. 감각소여로부터 단순한 요소와 상관관계를 지니는 것에 이르는 심리주의적 원자주의의 모든 방향은 지향적 작용의 양극 점, 즉 "노에마적" 극과 "노에시스적" 극의 상관관계간의 이중적 상관성을 파악하지 못한다. 이러한 "노에마"(noema)와 "노에시스"(noesis)의 양 극성 - 지향적 의식의 시원에 관계하는 전자와 노에마에 지향된 것으로서 그 자체의 파악을 의미하는 후자 - 은 현상학적 탐구에 있어서 중심적인 관심 중의 하나이다.

VI

분석은 현대실증주의자들에 의하여 넓게 각각의 방향에서 수

---

20) E. Fink, "Operative Begriffe in Husserls Phänomenologie" *Zeitschrift für philosophische Forschung*, Bd. XI, 1957, p. 321ff 참조.

행되고 있고 그리고 현상학적 분석의 유형과 날카롭게 구분되고 있다. 일상적인 근원적 유형의 실증주의나 경험주의에 의한 분석적 실증주의나 논리적 실증주의는 감각소여나 감각내용에 의하여 세계를 해석하려고 한다. 그러나 그러한 접근은 주로 논리적 언어분석을 통하여, 즉 우리의 세계인식을 진술하는 명제형식을 통하여 이루어진다. 따라서 철학의 임무는 어떤 종류의 새로운 사실을 드러내는데 있는 것이 아니라 전제의 명료화와 그것의 언어적 관계를 명료화하는데 있다. 따라서 실증주의적 분석 - 특히 "일상언어철학"의 언어분석 - 은 동등한 표현을 드러내는데 관계하지만, 보다 단순한 구조에 관계한다.21)

따라서 분석이라는 논리실증주의자들의 계획은 의미된 내용에 관계하기보다는 논리적 언어구조에만 관계하는 것이다. 다른 한편으로 현상학적 분석은 그와 같은 언어적 표현에 관계하지 않고, 내적 경험영역 속에서 "현상"에 보다더 관계한다 - 그리고 언어적 상징은 그러한 현상에 대한 외부 색인으로서만 제공될 수 있다. 여기서 분석의 임무는 현상학적 환원과 직관을 통하여 획득되는 요소와 구성물을 추적하려는데 있다.

물론 심지어 현상학자에 있어서 어떤 언어적 표현은 분석을 위한 출발점을 제공할 수 있고, 제공한다; 그러나 그러한 표현은 의미된 현상의 형식 속에 함유된 의미를 드러낼 뿐이다. 가령 [논리연구]에서 후설은 물리적 의미의 면과 심리적 의미의 면을 지니고 표현의 현상학적이고 지향적인 차별화의 문제를 제기한다.22)

---

21) J. O. Urmson, *Philosophical Analysis*, p.vii 참조.
22) *Logische Untersuchungen*, Vol. II, I. i. 6.

명명과 관련하여 그는 무엇이 "진술되고", 무엇이 기호화되는가를 구분하여 지적하고 그리고 때때로 어떤 명명이 기호화되는가 - 그것의 의미나 명목적 표상내용 - 와 그것이 의미하는 것, 즉 그러한 표상의 대상간의 구분을 지적한다.

의미분석에 있어서 후설은 "우연적" 표현이라고 불리는 것과 "객관적" 표현이라고 불리는 것간의 분명한 구분을 더욱 이끈다 - 특히 그러한 표현이라는 점에서 그것은 시시 각각의 진술내용에 관계하고 그리고 그와 같은 표현의 이전 단계에 속하고, 이러한 의미는 어떤 경우로부터 다른 경우에로의 변경이다.[23] 전자의 표현 유형의 의미가 언명하는 인격주체의 맥락에 의존할 때, 후자의 유형의 의미는 그와 같이 의존하는 것이 아니라 그것의 분명한 내용에 더욱 관계한다. 객관적 표현은 언명하는 인격체의 맥락과 그의 표현이 발생한 상황에 의존하지 않고 이해된다. 다른 한편으로 본질적으로 주관적인 표현이나 우연적인 표현은 가능한 의미집단을 개념적으로 통일한 표현이고, 그래서 본질적으로 표현과 관련된 것은 언명하는 인격체와 그의 입장에 따라 현실적인 의미를 지향하고 있다.[24]

결국 논리실증주의자의 지시관계라는 것은 요소적 사실과 사실적 관계를 지니고, 그와 상관관계를 지니는 단순한 요소적 명제 - 가령 러셀(Russell)과 비트겐슈타인(Wittgenstein)이 지니는 것과 같은 "원자적 명제"(atomic propositions) - 를 유지한다. 분석의 단위는 어떤

---

23) *Ibid.*, I. vii. 26.
24) "Entwurf einer Vorrede zu den Logischen Untersuchungen"(1913), §10, ed. by E. Fink in *Tijdschrift voor Philosophie*, 1939 참조.

경우에서 요소적 명제 - 또는 노이라쓰(Neurath)와 같은 실증주의자가 지니고 있는 것과 같은 "의례적 문장"(protocol sentences) - 를 지닌다. 논리적 원자론의 경우에 단순한 문장에 의한 직접적인 감각소여에 접근하는 어떤 종류의 언어적 유아론(linguistic solipsism)은 거의 필연적인 것으로 여겨진다. 그러나 그것이 현상학적 본성에 관계하는 한, 어떤 가능성으로부터 더욱 멀어지는 것이다.

그러나 언어사용의 분석주의자의 원리와 지향성에 의한 현상학적 분석간의 구분은 지나치게 강조할 필요가 없다. 왜냐하면 특히 일상언어철학은 "그것이 언급되기 위하여 어떤 의미를 형성한다"는 점을 탐구하는 문법에 대한 그 특수한 지시관계에 관심을 갖고 있기 때문이다. 그리하여 그것은 반성에서 현전하는 것의 형상적 의미구조에 대한 현상학적 접근에 보다 밀접하게 이르는 것으로 여겨진다. 양자에 있어서 세계는 "친숙하게"(분석철학의 전형적인 표현 - 현상학적 철학에 있어서 "자연주의적 태도"에 다소 상응하는 표현) 받아들여지는 것이다. 양자에 있어서 상술한 친숙성은 충전적 방법론을 통하여 마찬가지로 다루어지는 문제이다.

이러한 맥락에서 비트겐슈타인의 후기 발전에서(철학적 탐구에서) 지적할 수 있는 것은 이상하게도 직관함이라는 현상학적 방법의 정초적 태도와 밀접하게 접근하는 것으로 여겨진다. 따라서 그의 표어는 "생각하는 것이 아니라 보라"[25]는 것이다. 비트겐슈타인에 따르면 철학은 소박한 언어를 사용한다; 그것은 언어의 현실적 기능을 보여줄 뿐이다. 모든 언어의 해명에 있어서 비트

---

25) *Philosophical Investigations* I. 66.

젠슈타인의 일반적인 목적은 우리의 사고 속에서 사용된 용어의 엄밀성을 타파하는데 있다. 그는 심지어 그 자신의 어떤 주제나 원리를 제공하지도 않는다. 그는 언어의 다양한 작용을 기술할 것을 더욱 주장하고, 우리의 배후에 그것이 있다고 한다. 그는 우리의 경험 속에서 "지속되는" 것에 의존하여 나가려고 하고, 단지 표현의 문법적 구조를 연구함으로써 의식내용에 관련된 것을 의미하려고 하지 않는다.

논리실증주의는 철학에 기여하기 위하여 논리적 결과와 정밀성의 영역을 탐구하고, 따라서 불확실성과 모순을 제거하기 위하여 과학적으로 탐구한다. 그리고 분명히 철학 자체의 엄밀한 과학적 탐구영역을 위한 승리라는 유사한 임무가 또한 다른 방식에서 후설에 의하여 받아들여진다는 것은 의심할 여지가 없다. 그러나 이러한 목적을 추구함에 있어서 후설은 사실의 현실성으로부터 본질의 이념성에로 그리고 그것의 체계적인 기술에로 나간다; 다른 한편으로 실증주의는 개념으로부터 사실에로 귀환하는 대립적 방식을 더욱 선택하고, 따라서 철학의 지배적 영역으로서 논리적인 언어분석을 받아들인다. 단적으로 말하면 실증주의자의 언어분석은 사실세계에 구속되고, 그러한 영역에서 현상학적 분석은 그러한 구속으로부터 완전히 자유롭게 될 것을 요구한다. 더구나 실증주의자가 사실적 지시관계의 수동적이고 형식적인 매개물로서 언어를 분석할 때, 현상학자는 의식의 지향적 작용의 이중적 국면 - 노에시스적인 것 즉 작용방식과 노에마적인 것 즉 내용방식 - 을 분석한다.

어떤 의미에서 철학의 적합한 지배영역 속에 "사실의 문제"를 포함하지 않아야 한다는 것에 실증주의와 현상학은 부정적으로 일치할 수 있다. 따라서 흄은 철학적으로 "사실의 문제"에 관계하지 않고, 단지 사고 속에 내재적으로 있는 "이념의 관계"에 관계하는 것을 인정하였다. 그리고 후설은 분명히 사실의 자연적 세계를 "괄호치고", 순수의식의 내재적 영역 속에서 선험적(비정신적) 본질을 드러낸다. 이러한 의미에서 양자는 주관주의에로 귀환한다.26) 그러나 흄의 주관성은 단지 허구성에 대한 또 다른 명명이고, 마찬가지로 원자적인 정신적 상태에 대한 명목적 용어일 때, 후설의 주관성은 선험적 상을 지닌 '이념적' 내용의 자율적 영역이다. 그러나 흄의 허구주의의 전통은 현대실증주의에 있어서의 명제의 소박한 언어구조의 형식에서 그 자체가 드러난다 - 다시 말하면 전제된 "순수의식"영역과 같은 자율적 영역의 범위를 벗어난다.

VII

이것은 특히 흄의 실증주의에 있어서 그리고 후설의 현상학에 있어서처럼 주관성의 개념에로 향하는 두 정초적으로 다른 태도에로 우리를 이끈다. 흄의 주관성의 정의는 자연적이고 심리적인 것으로서 단순히 특징지워질 수 있다. 마찬가지로 주관성은 정신성(즉 정신적인 것)과 동등한 것으로 받아들여진다; 그리고 마음

---

26) 현상학에 있어서 주관주의의 특수한 문제와 주관성의 개념은 이 책의 제 4 장에서 다루어지고 있다.

은 유동하는 원자적 지각의 복합적 다발과 다른 것인가? 그와 같은 주관성은 연합을 통하여 함께 관련된 추상적인 정신적 상태와 분리된 '정립적 위치'(locus standi)를 지니지 않는다. 다른 한편으로 후설에 의하면 주관성은 정초적 진리 - 순수자아의 주관성 - 이다. 그러나 이러한 주관성은 어떤 경우에도 경험적인 심리학적 주관성이라는 좁은 의미로 받아들여질 수 없다. 선험적 주관성에 의한 현상학적 관심은 어떤 방식에서 자기 반성적인 주관적 심리학에로 귀환하는 것 - 방법론이라는 점에서든지 궁극적인 원리라는 점에서든지 - 을 지니지 않는다.(우리는 결과적으로 논의해야 할 주제를 벗어났다 - 제 4 장 참조).

자아개념에 대해서처럼 후설은 일반적으로 자아의 맥락에서, 여러 의식작용들의 통일적 주관 극에서, 주관성을 언급한다. 그러나 초기의 국면에 있어서(논리연구 제 2 권에 있어서) 후설은 지향적 의식작용을 넘어서는 지시관계의 필연적 중심점으로서 통일적 주관개념을 거부하였고 그리고 흄의 "경험적 자아"의 경향에 보다더 기운다. 그러나 결과적으로 (이미 논리연구 제 2 권에서)[27] 그는 경험주의자의 입장으로부터 나아가고, 점차 완전한 자아의 상을 인식하게 된다. [이념들 I]에서 그는 불확실한 세계와의 관계에서(데카르트적 방식에서) 의심할 여지없는 자아의 실재성을 정립하였다.[28]

이제 원자주의적 전통으로부터 분리된 현대분석철학에 있어서

---

27) *Log. Untersuchungen*, Vol. II(2nd edition), V. i. 8(Zusatz).
28) 현상학적 의식의 견해에서 자아의 정립에 관하여 그리고 그러한 관계 속에서의 문제는 제 5 장 참조 - 특히 7절 참조.

(특히 라일Ryle의 [마음의 개념]에서처럼) 마음과 자아의 철저한 경험적-분석적 신행위주의이론이 시도되고 있다. 단지 "주의하는" 것으로서만 마음의 실증주의적 개념의 결과로서, 단순한 색인용어(index term)로서 "자아"개념은 데카르트적 전통의 자아개념 자체를 대신하는 것으로 보인다. 그러나 객관적 분석의 명명에 있어서 실증주의자가 언어적 행위주의적 용어(linguistic-behaviouristic terms)에서 해명하는 것은 내적인 주관적 태도에 의해 현상학자에 대한 정초적인 구체적 소여로서 드러난다. 각각의 의식작용은 작용을 수행하는 자아에 속하고, 존재는 그것으로부터 지시된다. 순수자아는 모든 지시관계의 중심으로서 제공될 뿐만 아니라 또한 모든 가능한 현상학적 단절을 통하여 제거할 수 없는 원리, 즉 잔여로서 입증되는 것이다.

그러나 심지어 후설 현상학에 있어서 이러한 맥락에서 지적할 수 있는 것을 우리는 "자아"라는 표현의 분석을 통해 발견한다.[29] 후설이 인칭대명사로서 "자아"라는 말을 분명히 특징지우는 것은 그에 의하여 "객관적"이라고 일컬어지는 표현에 의하여 다른 방식으로 지시하는 객관적 특성을 결여하고 있다.(이 장의 6절 참조). 왜냐하면 그것은 화자가 그 자신을 특징지우는 단어이기 때문이다. 각각의 언급하는 인격체는 그의 자아표상을 지니고, 그것에 의하여 그의 개별적 자아개념을 지닌다; 그러므로 각각의 인격체에 대한 단어의미는 다르다. 이미 그 자신을 언급함으로써 각각의 인격체가 "자아"라는 단어를 사용하는 한, 자아는 이러한 사실에 관계하는 보편적 특성을 지닌다. 그러나 "자아"라는 용어는

---

[29] *Log. Untersuchungen*, Vol. I, II. iii. 26 참조.

그 자체의 능력에서 언어맥락과 관련하여 구체적 의미를 결정하는 특수한 자아표상을 직접적으로 발생하지 않는다. 사실 그것은 청자에게 언설의 '지시'기능을 더욱 지닌다: "당신에 대하여 넘어서 있는 인격은 그 자신의 의미를 지닌다." 따라서 후설에 있어서 자아의미에 대한 언어적 접근은 지시하는 단계로서만 보여질 수 있고, 세계 그 자체의 배후의 어떤 보다 깊은 본질을 암시하는 것으로서만 보여질 수 있다. 그리고 그는 자신의 본질 속에서 "자아"라는 용어의 완전한 의미의 이해로서 언명하는 인격체의 직접적 표상을 받아들이는 위험을 더욱 예단한다.

개별적인 인간적 자아 - 후설이 Ich-Mensch라고 부르는 것 - 의 "구성"에 대한 전형적인 현상학적 탐구는 이러한 방향에서 어떤 한층 더 밝은 빛을 던져 줄 수 있다 - 결과적으로 우리가 볼 수 있는 것처럼(제 5 장 참조). 그러한 맥락에서 받아들여지는 분석은 신체와 마음을 지닌 소박한 경험적인 물리적-정신적 자아에 그 자체를 제한하지 않는다; 그것은 "순수정신적 자아"(rein seelisches Ich)에로 더욱 이끈다. 여기에 경험적 실증주의와 현상학적 접근방식간의 분명한 구분이 있다. 순수자아는 대상에 대한 작용을 통하여 그 자체를 지향하는 작용과 상태의 '주관'으로서 본질적으로 이해된다. 그리고 순수자아의 기능성(작능)과 관련된 순수자아의 두 국면 - 즉 한편으로 작용으로부터 구분된 것으로서 그리고 다른 한편으로 그것과 분리할 수 없게 관련된 것으로서 - 인식되는 것이다. 사실 후설은 상술한 순수자아와 관련하여 특수한 초월 - "내재 속의 초월"(a transcendence in immanence) - 을 언급한다.[30] 그리고 이러한 초월의 요소는 경험적 자아(단지 경험적 철학에서 인식된 자아)로부터 분명히 구분되는 순수자아의 현상학적 인식을 가능하게 하는 결정적인 요인이다.

사실 후설은 초경험적인 주관과 주관성에 관한 모든 주장의 배후에서 단순한 심리학적인 통찰 보다도 깊은 통찰을 해명하고, 따라서 그 속에서 경험의 순수영역 - "선험적 주관성의 순수영역" - 에 대한 접근을 발견한다. 명목론이나 개념주의로 이끌려지지 않음으로써 후설은 새로운 것을 찾으려고 하고, 경험비판의 체계를 약속하는 직관주의의 형식을 풍부하게 한다.

---

30) *Ideen* I, § 57 참조.

제 3 장

후설의 형식논리학비판[1]

I

대부분의 철학적 분과들에서 엄밀한 의미로 받아들여지는 논리학의 역할은 철학자들에 의해 논쟁의 여지가 있는 문제를 항상 지니고 있다. 심지어 순수형식논리학이 인식된다고 할지라도 - 그리고 형식논리학이 거의 간취될 수 없을 지라도 - 순수형식논리학의 위상은 다양하게 지시되고 있다. 따라서 어떤 이론에 있어서 논리학은 철학적으로 인식할 수 있는 것으로서 받아들여지고 있다; 가령 라이프니쯔(Leibniz)는 추론이라는 완전하고 자율적인 언어에 따름으로써 "보편학"을 향해 나아갔다. 다른 곳에서도 - 가령 아리스토텔레스(Aristoteles)에 있어서 - 논리학은 다른 철학적 분과들 중의 한 철학적 분과로서 제시된다. 그리고 때때로 다시 논리학은 작용의 매우 제한된 영역을 지니는 것으로서, 즉 철학적 사고와 어떤 관계도 지니지 않는 진술이론으로서 인식

---

[1] 이 글은 주로 다음과 같은 후설의 주요한 두 저작에 근거하고 있다. 즉 *Formale und transzendentale Logik* (Halle, Niemeyer, 1929)과 *Erfahrung und Urteil. Untersuchungen zur Genealogie der Logik* (Hamburg, 1948)에 근거하고 있다.

되는 것이다(흄에 있어서처럼). 다시 현대논리학이 수학적으로 지향되고 일반화된 사고장치에 의하여 전통적 논리학을 넘어서 나가려고 하는 한, - 최소한 동시대의 철학자들의 실체적 부분을 지니고 - 카르납(Carnap)이 진술한 것처럼, "논리학은 철학함 자체의 방법이다."

 대부분의 철학적 분과들에 있어서 논리학의 이러한 모든 정향 중 그것은 아마도 철학적 관점으로부터 논리적 원리의 비판이 제시되는 것으로 드러나는 흄의 이론에서만 그렇다. 그러나 논리학의 공언과 날카로운 비판은 진정한 "철학적 논리학" - 전통적인 형식논리학의 한계와 결함을 극복하려고 하는 논리학 - 을 구현하려고 하는 후설의 현상학에서 직면할 수 있다. 그러나 후설은 순수형식의 학으로서 논리학을 결코 부인하지는 않는다. 사실 그는 원본적으로 형식적-논리적 분과로서 판단형식이론을 인식하였다. 그러나 그것은 철학함의 방법을 제공하는 분과를 거의 의미하지 않는다 - 그것은 합리론자의 태도에 있고(라이프니쯔), 실증주의자의 태도에 있다. 그에 반하여 후설은 "고차의" 논리학에 대한 경우를 제시하는데, 이는 전통논리학의 형식에 대한 근원적 비판을 제공하는 것이다. 다시 말하면 후설이 관심을 지니는 것은 전통논리학보다는 "메타논리학"(meta-logic)이라고 일컬어지는 것이다.[2]

 그러나 "메타논리학"으로서 논리학에 대한 후설의 탐구를 특징지움에 있어서 우리는 루카지비츠(Lukasiwicz)와 타르스키(Tarski)

---

[2] J. N. Mohanty, *Husserl's Theory of Meaning*, Ch. VI. 참조; "메타논리학"이라는 표현은 논리학에 대학 후설의 탐구를 넓게 지시하는데 사용되는 것이다.

라는 논리학자로부터 기인하는 "메타논리학"에 특별한 관심을 지니고 후설의 철학적 논리학에 종사할 필요는 없다. 루카지비츠와 타르스키는 힐버트(Hilbert)의 "메타수학"과 유사한 논리체계를 정식화하려고 한다. 진술과 진술의 부분들에 대한 "진술"의 카르납의 의미에서 메타논리학으로 간주되어지는 논리학의 현상학적 탐구는 논리적 언어 분석을 통하여 획득되는 것이 아니다. 어떤 의미에서 그러한 후설의 논리적 숙고는 진술, 즉 메타진술에 대한 진술로 나가며, 아마도 카르납처럼 후설은 진술이 주어진 언어 자체에 있다는데 동의한다. 그러나 그러한 진술을 이끄는 엄밀한 방식에 대하여 후설은 전적으로 다른 해명을 제공한다. "과학이론"으로서의 논리학을 제기함에 있어서, 사실 후설은 "명백하게 판단하는 것이 아니라 판단을 넘어서 판단하는" 비판적인 주관적 태도를 기술한다.

여기서 후설이 제기하는 것은 전통논리학의 정초와 이론적 근거로부터 이끌려져야 하고 동시에 철학함 자체의 진정한 방법을 제공해야 하는 "철학적 논리학"이다. 그러나 그러한 철학적 논리학은 헤겔적이거나 브레들리적인 관념주의적인 논리학이라는 '형이상학적' 의미를 지니는 것이 아니다. 다른 한편으로 그것은 논리적 분과의 다른 극, 즉 분석적 논리학과 일치될 수 없고 또한 러셀(Russell)에 의하여 용어화된 "철학적 논리학"과 일치될 수 없고, 논리적 형식을 드러내려고 하는 그러한 분과가 의미하는 바는 모든 담화, 해명과 순수이해를 포함한다.[3] 후자의 논리학의

---

3) B. Russell, "Logic as the Essence of Philosophy" in *Our Knowledge of the External World* 참조.

유형은 후설의 논리학과 다르게 구체적 내용으로부터 '추상'을 통하여 획득되는 것이다.

II

사실 후설은 논리학을 "순수형식의 학"이라고 인식한다; 그것은 엄밀하게 좁은 의미에서 논리학을 부인하는 문제가 아니다. 후설은 "최초의 형식적-논리적 분과"로서 판단형식의 순수이론을 언급한다. 우선적으로 말하면 형식논리학은 범주적 영역의 형식화라는 문제에 관계하고, 즉 엄밀한 의미에서 확고한 진술과 판단에 의한 형식화의 문제에 관계하는 한, 형식논리학은 "범주적 분석"을 지닌다. 그러나 후설의 관점에서 보면, 아리스토텔레스에 의하여 비롯된 논리학은 충실한 자유 속에서 용어의 가변적 영역과 "형식"이라는 이념의 순수성을 거의 탐구할 수 없다. 왜냐하면 아리스토텔레스의 분석은 실재세계에 어떤 지시관계를 지니고 그리고 그와 같은 것은 그 영역으로부터 '실재성'의 개념을 배제할 수 없기 때문이다. 이러한 점에 있어서 후설은 현대수학적 논리학의 우월성을 인정하고, 그 속에서 대수학(algebra)의 도입은 순수형식논리학의 여지를 남겨 놓는다.[4]

형식이론의 이념은 그것이 올바르다거나 그르다는 것에 관계하

---

[4] 가장 초기의 저작인 [산술의 철학]에서, 후설은 도구와 기계가 기술적 수행의 사용을 제공하는 것과 마찬가지로 정신적 수행의 이용을 제공하는 지적 장치로서 '상징'을 언급한다.

지 않는 판단을 '통한'(qua) 판단의 소박한 가능성에 관계한다. 판단으로서 판단이 일치한다거나 모순된다는 문제는 '형식'에 의한 일치에서 판단의 명료화에 관계해야 한다. 이제 판단형식은 보편적 유형에 대한 관계에서 숙고되어지는 것이고, 이러한 유형 속에서 그러한 형식의 모든 가능한 결정적 판단이 발생할 뿐만 아니라 모든 순수형식이 근원적 형식에 종속한다. 예를 들면 만일 "S는 P이다"는 형식이 보편적 유형으로서 받아들여진다면, "Sp는 q이다"는 형식이 그것에 종속될 것이다; 그리고 후자에 다시 "(Sp)q는 r이다"는 형식이 유사하게 종속될 것이다. 후자의 두 형식은 보편적 유형의 "변경"으로서 가능한 형식의 다양성을 해명하는 것이다. 이것은 종속적인 형식을 결정하는 근원형식(Urform) - 이러한 경우에 있어서 "S는 P이다"는 판단형식 - 에로 우리를 이끈다.

사실 더 나아가면, 후설은 우리의 형식의 탐구에서 지도적 요소로서 "작용"개념을 인식한다. 정초적 작용과 그것의 법칙은 형식의 무한성이라는 이념적 구성과 마찬가지로 진술되어지는 것이다. 연언적인 것(the conjunctive)과 가언적인 것(the hypothetical)으로서 구성의 보편형식은 작용의 근본형식을 지시한다. 현대논리학에서 승인되거나 부인되는 전제의 진리치(truth-value)가 그것의 근원적 표현의 진리치에 의하여 결정되는 한에서 사실 이러한 개념은 "기능"개념, 더구나 현대논리학에 있어서 "진리의 기능"의 개념에 밀접하게 이르는 것으로 여겨진다.

III

　형식논리학 자체에서 후설은 비모순의 논리학과 진리의 논리학간의 미묘한 구분 - 그 자신이 새로운 것이라고 주장하는 구분 - 을 이끈다. 그가 "일치의 논리학"(logic of consistency)이나 "비모순의 논리학"(logic of non-contradiction)이라고 일컫는 것은 "형식적 범주"의 원본적 단계로부터 형식논리학에 있어서의 두 번째 단계로서 드러난다. 진정한 판단의 가능한 형식의 학으로서 전자는 모든 인식할 수 있는 판단에 대해 가능한 진리와 오류의 조건에 관계한다. 따라서 일치의 논리학이나 비모순의 논리학은 판단의 분석적 일치와 불일치 - 그것의 분석적 비모순 - 를 통제하는 본질법칙을 밝히고자 한다; 전제의 참과 거짓에 관한 문제는 형식논리학의 이러한 단계에서 접근할 수 없다.

　삼단논법적 분석과 수학적 분석은 순수범주적 분석의 층에 속한다. 후자의 맥락에서 후설은 최소한 원리적으로 힐버트의 수리철학의 형식주의와 밀접하게 연관되며, 이때 후자는 모형의 산출 없이 확립될 수 있는 공리체계의 일치를 주장한다. 그러나 후설은 비모순의 순수한 '형식주의적' 정의와 다르게 전환한다; 그는 판단의 통일 속에서 모든 명료화를 판단하는 작인의 부분에 대한 가능성으로서 후자를 더욱 정의한다. 그리고 일치의 논리학에서 대립의 이중적 원리와 배제된 매개는 적절한 판단의 본질, 즉 분명한 명증에서 그 자체가 주어지는 명증에 속하는 원리와 상관관계를 지닌다. 따라서 두 모순된 판단, 즉 분명한 명증에서 동등하게 발생될 수 있는 양자는 동시에 가능할 수 없다. 비모순의 원리의 영역이 가능할 뿐만 아니라 진정한 판단의 '상호 가능한' 형식을 이해할 때, 그것은 더욱 확장되는 것이다. "상호 가능성"은 오직 집합적 판단의 통일을 위해 판단을 결합하는 것을 지시한다.

그와 같은 비모순이 본질적으로 가능한 진리의 조건을 구성함에도 불구하고, 그것은 엄밀한 의미에서 진리에 대한 형식논리학에 거의 이를 수 없다. 그러나 후설은 일치의 논리학(그가 또한 "순수분석"이라고 부르는 것)으로부터 진리의 논리학에로 변경하는 것이 어렵지 않게 획득될 수 있다는 것을 보여주려고 더욱 나간다; 그에 반하여 그것은 필연적이다. 이제 참과 거짓은 사실적으로 이끌려진 '분명한' 판단에 속하는 것이다. 그리고 순수분석적 논리학, 즉 순수일치의 논리학은 분명한 판단의 본질적 유형의 영역에 관계하고 있다. 그러한 관점에서 "직관"에 의해서 수행될 때, 순수분석은 동시에 진리의 형식적 논리학의 실재적 부분이 된다. 왜냐하면 판단의 각각의 일치는 참이나 사실적 가능성의 일치에로 전환하기 때문이다. 비모순이 진리의 가능성에 대한 본질적인 조건임에도 불구하고, 그러한 소박한 분석은 그 자체를 진리의 형식적 논리학으로 변경시킨다.

이러한 태도에서 문제에 접근함으로써 후설은 두 논리학을 구분하는 전통적인 방식으로부터 분명히 벗어난다. 비모순과 진리 간의 전통적 구분은 일반적으로 다른 방식으로 이해된다. 한편으로 그것은 일반적인 형식적-논리적 문제가 되고, 이로부터 모든 "인식의 문제"가 마찬가지로 배제되는 것이다; 다른 한편으로 그것은 실재성의 인식 가능성의 문제와 마찬가지로 사실적 내용을 해명하려고 하는 어떤 넓은 의미에 있어서 논리학의 문제를 지니는 것이다. 이와 관련한 후설의 명료화 - 사실 그 자신이 새로운 것이라고 주장하는 명료화 - 는 형식적 논리학과 실질적 논리학 간의 구분보다는 현대논리학에 있어서의 "내포"와 추론간의 각각의 구분에 넓게 관계하고 있다. "내포"의 개념에 의해서 일치의 논리학은 결론의 진리를 다루기보다는 순수논리적 기원의 문제만을 다룬다. 그에 반하여 다양한 '형식'을 지니는 진리의 논리학은 단지 내포를 보다더 드러내고, 진리적 언설의 층을 확대한다. 그리고 스테빙(Stebbing)이 분명하게 지적한 것처럼 그 구분은 "전제를 언설하고 그리고 단순히 전제를 숙고하거나 기대하거나 추정하는" 것간의 구분이다.[5]

IV

"범주적 분석"으로서 인식되는 전통적인 형식논리학에 대하여 후설은 비판적인 태도를 취한다. 전통적 논리학이 불필요한 한계로부터 속박 당하고 있다면, 그러한 논리학에서 우리는 논리학일반, "과학이론" (Wissenschaftslehre)을 탐구한다. 후설이 이것에 의해 의미하는 것은 사실 형식적 - 그러나 "새로운 보다 풍부한 의미에 있어서" - 논리학이다. 이러한 요구에서 직면하는 전통적 논리학의 실패는 판단형식의 아리스토텔레스적인 개념으로부터 발

---

[5] L. S. Stebbing, *A Modern Introduction to Logic*, p. 212.

생하는 전통논리학의 개념적 고립에서 기인한다. 이러한 개념은 결정적으로 그것의 "구문적 형식"(Syntactical forms)을 통한 일반적인 판단결정으로서 이해될 수 있고 그리고 '아프리오리한' 형식논리학은 구문적 작용형식으로서 후자를 표상한다.

그러나 이것은 "형식적" 결과의 개념, 후설이 지적하는 바와 같이 형식논리학의 "철저한 순수성"을 제한한다; 그리고 그것은 이러한 순수성만이 철학적으로 유용한 형식논리학을 형성하고, 심지어 고차의 외연에서 중요하게 형성될 수 있다. 후설은 정초적인 범주적 형식과 그것의 기원의 구조 속에서 변경의 아리스토텔레스적 사용이 참으로 일반화된 논리학의 영역을 아주 그릇되게 한다는 것 - 현대수학적 논리학이 행하는 것처럼 - 을 올바르게 지적한다.

이러한 전통논리학의 "개념적 고립"의 인식은 후설이 확대된 분석의 이념을 암시하려고 더욱 주장하려고 받아들이고, 그것에서 전통적인 삼단논법적 분석과 형식적-수학적 분석의 종합을 발견한다. 그리고 형식적 수학의 구조 속에서 그러한 삼단논법적 종합에 대한 원본적 모형이 라이프니쯔적 "보편학"(mathesis universalis)의 이념에서 발견될 수 있다. 후설이 인식한 후자는 체계 자체의 내적 필연성으로부터 보다는 수학적 과학에서 연역적 기술이라는 요구를 지닌다.6) 이러한 논리학과 수학의 통일은 두 결과를 지닌다. 한편으로 삼단논법은 이해할 수 있는 논리학(Umfangslogik)의 영역 속에서 변화된 해명을 수행하는 것이다. 그러나 다른 한편으로 새

---

6) 논리적 산술법을 공식화하는데 대한, 산술의 틀에 대한 방향에서 한정적 단계는 후에 Boore, de Morgen, 그 밖의 사람들에 의하여 받아들여졌다.

로운 논리학은 전통적 분석에 의한 일치에서 "지적 핵"(intellectual core)을 제한한다. 그리고 이것에 의하여 후설은 아리스토텔레스적 분석의 본질적인 형식적 특성과 마찬가지로 일반화된 논리학의 본질적인 '형식적' 특성을 명증적으로 드러낸다.

그러나 수학에 의한 논리학의 통일은 새로운 영역, 즉 "형식적 존재론"의 영역을 이끈다. 아리스토텔레스적 분석으로부터 술어에 속하는 형식적인 범주적 수학이 이끌려진다. 이제 수이론을 포함하는 형식적인 수학적 분과는 근본적 개념으로서 일반적으로 어떤 것에 속하는 어떤 파생형식을 지닌다는 의미에서 '형식적'이다. 따라서 수학 전체는 '아프리오리한' 대상이론에 의해 이해될 수 있는 것이다. 다시 말하면 존재론은 '형식적인' 것임에도 불구하고, 어떤 것의 순수양태에 관계된 것으로서 작용는 것이다.7)

후설은 형식적인 범주적 논리학으로부터 형식적 존재론에로의 변경을 더욱 해명한다. 형식논리학은 가능한 진리의 형식적 조건을 추구하는 노선에서 지속적으로 나아간다; 그리고 논리적 학문은 전제의 구조로부터 그것의 형식을 이끈다. 따라서 전제 자체에 놓여 있는 의미에 의하여 논리학이라는 학문은 대상성을 이끄는 것이다. 판단함에 있어서 우리는 원본적으로 대상에 관계한다; 그리고 대상적인 것은 그것의 가능한 범주적 형식 - '일반적으로 어떤 것의' 양태의 유형형식 - 을 지닌다. "형식"의 특성은 범주적으로 결정된 판단의 층에서 - 실재적인 심리적 여건으로서

---

7) 비록 "형식적 존재론"의 이념이 이미 후설의 초기 저작, 즉 [논리연구]에서 도입되었지만, 형식적, 존재론적 '아프리오리'와 범주적 '아프리오리'간의 밀접한 관계는 단지 후기의 [형식논리학과 선험논리학]에서 논의되었다.

가 아니라 정립함의 지향적 상관성으로서 - 발생한다. 그러나 그것은 논리적 형식의 근원에 관계하는 주제이고, 이는 우리가 중요하게 숙고하는 것이다.(제 7 절 참조).

그러므로 학의 형식적 이론으로서 분석적인 것은, 그것이 객관적으로 지향되는 한 또한 후설이 표현하는 것처럼 "존재적으로 지향되는" 한, 형식적 존재론으로 전도된다. 분석논리학의 주제는 그것의 순수형식에 따라 일반적인 범주적 대상성에 의하여 구성되는 것이다. 결과적으로 심지어 분석논리학은 그것의 '아프리오리한' 일반성에 의하여 '존재론적' 논리학으로서 특징지워질 수 있다. 그리고 그것은 "형식적 존재론"이라는 후설의 개념에 의하여 의미되어지는 것이다.

그러나 후설의 측면에서 보면, 형식적 존재론의 이러한 내용은 형식논리학의 토대 위에서 존재론화의 시도로서 이해되어서는 안된다. 왜냐하면 후설은 두 태도 - 하나는 범주적 태도와 다른 하나는 존재론적 태도 - 간에 분명한 구분을 이끌기 때문이다. 그것의 구문적 통일에서 주제적 판단으로 보여지는 것은 어떤 것이고, 대상과 그것을 구성하는 형식에 관심이 지향하는 것은 또 다른 것이다. 존재론적 태도에서 일반적인 영역의 공허한 형식의 인식은 논리학의 형식적-분석적 특성의 방식에서 드러나지 않는다.

그러므로 형식적 수학과 논리학과 다르게 후설이 "철학적 논리학"이라고 일컫는 것은 '적용' - 무한한 형식적-논리적 의미의 이념적으로서 가능한 적용 - 의 문제에 그 자체가 관계하는 것이다. 그것은 가능한 적용의 이념과 함께 자유로운 수학을 승인하지 않는다. 더구나 철학적 논리학의 임무는 형식적 수학이 근원적인 논리적 분석적이라는 것을 보여 주어야 하지만, 인식함의 지향성을 통하여 인식기능에 있어서 확대되는 것이다.

V

그래서 형식논리학에 관련하여 후설은 두 층의 입장에 종사한다. 한편으로 후설은 형식논리학을 전혀 부인하지 않는다; 그에 반하여 그는 보다 일반화된 층에서 획득된 층을 받아들인다. 그러나 동시에 그는 수학, 즉 형식적 존재론으로부터 발생하는 탐구의 새로운 영역을 인식한다. 따라서 형식논리학과 수학은 '아프리오리한' 대상이론이나 존재론에 대한 출발점을 제공한다 - 비록 이미 지적한 것처럼 형식적인 범주적 존재론과 형식적인 존재론이 '어떤' 논리학을 표상하고, 단지 두 태도에서 다루어졌지만.

이제 범주적으로 형성된 대상성은 범주적인 개념을 인정하지 않지만, 존재론적 개념을 인정한다. 범주적 의미로서 판단을 다루는 범주적 논리학의 태도로부터 이행할 때, 후설은 개연적인 범주적 대상성 자체와 그것의 형식에 대한 형식적-존재론적 논리학의 태도를 언급한다. 그러나 범주적 대상성 자체 형식의 상을 인식함에 있어서 판단의 단순한 의미형식을 넘어섬으로써 후설은 판단함의 내재적인 구문적 형식으로부터 어떤 대상성 - 사실적인 자연적 과학의 대상성이 아니지만 - 에로의 사고의 초월을 명증적으로 인정한다. 그리고 후설과 같은 비경험론자는 사고형식에 속하는 아프리오리성이 감각표상에 의하여 환원되지 않는다는 것을 분명히 인정한다.

　이러한 단계에서 문제는 다음과 같이 발생한다: 사고형식에 관한 후설의 입장이 어떻게 형식주의자의 주제에 직면하는가? 형식주의는 특수한 문제에 의거하지 않는 불변적 구조로서 "형식"을 정의함으로써 유지되고 그리고 형식주의적 환원의 중요성은 진술의 구문적인 어의적 형식에 의해서 드러난다. 어떤 필연성이 형식주의자에 의해서 인식된다면, 그것은 진술 자체의 구조 속의 비감각적 관계나 유형에 결정적으로 속해야만 한다. 그래서 형식주의자의 입장과 일치되는 모든 초월성은 논리적으로 무의미한 것으로 제거되어야 하는 것이다. 왜냐하면 범주적 대상성이 동어반복을 함유하지 않고, 카르납이 상술한 "의례적 진술"(Protocol statements)에 관계할 때 의미하는 것과 같이 경험적 진술을 포함하는 범주적 대상성에 대하여 판단하지도 않기 때문이다.

　비트겐슈타인이 제기한 것처럼 철학적 전제를 해명하는 형식주의자의 방식은 한편으로 형식적 진술에 의하여 그리고 다른 한편으로는 경험적 진술에·의하여 중요한 담화의 모든 영역을 포괄할 수 있다. 다시 카르납은 언어적 표현이나 개념의 다양한 유형을 고안함으로써 언어구조를 기술하고, 그것의 각각의 정위는 연역체계에서 형식적 진리의 영역에 속해야 한다. 그는 과학언어의 논리적 구문론을 통하여 형식주의자의 기획을 더욱 이끈다. 형성과 변형의 규칙을 결정적으로 강조함으로써 카르납은 관찰할 수 있는 사태에 의한 언어적 표현과 상호관계하는 의미규칙이 불필요하다고 한다.

이제 형식적 기술을 주장하는 철학에 대한 결정적인 어의적 접근에 있어서 경험적 요소는 형식주의적으로 거의 해명할 수 없는 요소로서 그 자체가 명증적으로 제시될 수 있다. 궁극적 분석에서 구문적 진술로서 '모든' 철학적 진술들을 해명하려는 시도는 심지어 실증주의자를 당혹하게 하는 것으로 입증될 수 있다. 그리고 이것은 카르납이 "경험의 표현"(experience-expressions)으로서 명료화한 것에 대해 특히 유효하며, 이는 에이어(Ayer)가 비판적으로 지적한 것처럼 구문적 용어로서 간주할 필요는 없다.8) 무엇이 '경험'으로서 설명되는가에 대한 문제는 중요하다. 이에 관한 독단적인 결정은 문제를 거의 해결할 수 없다.

다시 실증주의자의 검증의 원리는, 심지어 "보다 약한" 의미에서 받아들여짐에도 불구하고, 진술이 어느 정도에 있어서 관찰에 의하여 확실하거나 불확실하게 존재할 수 있다는 것을 요구한다. 진술이 관계하는 것이 요소적 진술 자체가 아니라면, 요소적 진술은 그것을 제공할 수 있다; 그러나 그것은 그것이나 그것의 부정을 필연적으로 '설명할' 필요는 없다. 에이어가 다시 지적한 것처럼 이러한 "확증"개념은 결코 아직 충전적으로 형성되지 않는다. 아마도 그것은 - 경험구조가 언어의 구문적 형식과 단지 그것에만 관계함으로써 완전히 해명되어지는 것인 한 - 형성될 수 없다.

그러므로 막연한 아리스토텔레스적인 범주적 논리학과 엄밀한 현대수학적 논리학에 있어서 모든 사고는 진술의 구문적 형식에 의한 사고형식의 등식을 통하여 형식화하려고 하는 것이다. 결과적으로 사고의 형식화에 따르지 않는 어떠한 것도 거부하고, 모

---

8) Ayer, [논리실증주의]의 서문; "…'경험의 표현'은 구문적 용어가 아니다."

든 초월성의 모든 철저한 해명이 결과로서 이끌려진다. 그러나 형식과 내용의 이러한 관계의 문제에 있어서 제한된 해명 - 절충안처럼 여겨지는 해명 - 은 "비형식적 논리학"9)이라고 일컬어지는 유형으로서 라일에 의해 암시되고 있다. '얼핏보면' 그는 모든 철학적 개념이 형식화에 개방되어 있지 않다는 것을 인정한다; 왜냐하면 형식논리학은 논리적 불변항이 지닌 "주제적인 중립적" 표현으로서 작용할 때, 철학은 주제적 개념이나 주관적-중심적 개념에 관계하기 때문이다. 만족, 색, 모습 등(라일 자신이 예로서 인용하는)과 같은 철학자의 전형적 주제는 주제적-중립적 표현으로서 거의 다루어질 수 없고, 궁극적으로 형식화될 수 없다. 심지어 형식논리학이 다루고 있는 주제적-중립적 표현은 제한된 영역 속에서 유효하다.

그러나 형식주의의 긴장이 아마도 미미한 방식에서 그 자체로 보여질 때, 라일은 중립적 방식에서 "논리적 숙고"로서 흔히 지시된 일상적으로 넓게 공유된 철학적 담화와 마찬가지로 두 형식논리학을 계속 주장한다. 따라서 라일이 철학적 담화의 형식화에 대해 암시하는 최상의 접근은 그것의 논리적 행위와 마찬가지로 주관적-중심적 개념의 '특수한 내용'을 탐구함으로써 이루어진다. 다른 한편으로 형식논리학은 연역체계의 구조 속에서 불변수의 계산에 도움을 주지만, 논리적 불변수의 "상호변화의 대응"(즉 경험에 의한 대응)의 결정에 관계해야 한다.

이제 라일의 특수한 내용분석과 철학적 개념의 논리적 행위에 대한 관찰에 있어서 라일의 규정은 형식적 내용의 문제에 더욱

---

9) G. Ryle, *Dilemmas*, VIII 참조.

밝은 빛을 던져 주는 것같지는 않다. 왜냐하면 문제는 다음과 같이 유지되기 때문이다. 어떻게 특수한 내용이 주제적 개념의 논리적 형식 - 분명히 그것이 유일한 것으로서 - 을 더욱 결정하는가? 그러나 상술한 "특수한 내용"은 개념의 전형적인 '비형식적' 특성에서 기인하는 것으로 여겨진다; 반면 그것은 주제적-중립적 표현과 같은 근거 위에 놓여 있다. 다시 그러한 경우에 있어서 상술한 "논리적 행위"(logical behaviour)는 특수한 내용 자체가 그 자체 속의 어떤 내적 구성물을 드러냄으로써 획득되는 특수한 내용 자체에서 더욱 추구되어야만 하는 것이다.

VI

이것은 '아프리오리한' 종합의 가능성에 관한 보다 일반적인 문제로 우리를 이끈다. 순수형식논리학의 영역에 관계하는 한, 후설은 '분석적인' 것을 넘어선 아프리오리를 옹호하지는 않는다. 그리고 형식적 동어반복의 영역에 실재적으로 그것을 한정한다. 그러나 후설이 보편적인 '아프리오리한' "과학이론"의 이념에 이르게될 때, 그는 "실질적인" 과학이론에 의하여 분석적-형식적인 것의 보완의 필요성을 발견한다. 순수형식적 분석을 통하여 "분석적 아프리오리" 개념을 결정함에 있어서 새로운 "종합적 '아프리오리' 이념" - 전체성에서 모든 실질적인 '아프리오리한' 영역이 함께 관계되어야 하는 그러한 실질적인 아프리오리와 보편적인 '아프리오리한' 이념 - 이 문제가 된다. 그리고 이것은 후설이 본질의 일반화라는 종류에서 "실질적 '아프리오리'"와 "형식적 '아프리오리'"간에 정초적 구분을 하려고 하는 것이다.

그러나 '아프리오리한' 분석과 '아프리오리한' 종합의 구분은 칸트에 의해서처럼 후설에 의하여 전적으로 술어적 맥락에서 구분되는 것이 아니다. 칸트의 분석적 진술과 종합적 진술간의 구분은, 비록 그것이 인식의 전영역에로 확장되지만, 주관적-술어적 형식의 판단에 원본적으로 관계한다. 사실 칸트는 단지 모순(또는 비모순)에 근거하는 것으로서 보다 좁은 의미에서 "분석적인" 것을 받아들이고, 그래서 후설에 있어서 비모순의 논리학 이외의 진리의 논리학은 형식논리학의 영역으로부터 배제되는 것이 아니다. 그러나 후설의 아프리오리한 인식비판에 있어서 분석적인 것과 종합적인 것의 구분은 순수'논리적' 숙고에 의해서 보다는 철저한 선험주의에 의해서 궁극적으로 동기지워지는 것으로 드러난다는데 유의해야 한다.(그것은 이러한 맥락에서 기억할 만한 가치가 있고, 심지어 칸트가 아리스토텔레스의 분류로부터 정당하게 그의 "범주"표를 형성함에 있어서 중요하게 받아들였다).

"아프리오리한 종합"에 대한 후설의 계기는 논리적 원리의 비판 - 논리적 형식과 규칙에 있어서 함유적으로 은폐된 전제를 드러내는 비판 - 의 정초적인 구성적 임무에서 추구되는 것이다. 그리고 그것은 명증과 진리의 문제를 발생한다 - 그 문제는 소박한 의미로서 판단의 문제와는 아주 다르다. 후설이 "순수논리적 문법"(reinlogische Grammatik)이라고 일컫는 것 - 그의 초기의 저작인 [논리연구]에서 도입된 것 - 은 의미형식에 대한 원리에 관계하고 있다. 그리고 판단형식에 대한 본질의 상세한 이해에 있어서 "구문적 형식"과 "구문적 소재"간에 분명한 구분이 이끌려지고 있다. 문법학자의 측면으로부터 명백한 균형을 지니는 구문론은 "논리학의 문법"에서 판단영역의 본질구조의 기술적 진술을 의미하는 것이다.(이것은 "언어의 논리적 구문론"의 논리적 경험주의의 계획으로부터 명증적 출발점이 된다).

따라서 우리는 판단에 관한 의미발생(Sinnesgenesis)의 진정한 현상학적 문제에로 이끌린다.10) 현상학적 관점으로부터 판단의 전형적인 특성을 숙고함으로써 그것은 "구성"이나 발생의 산출로서 정의된다. 그리고 그러한 산출의 본질적 특수성 때문에 각각의 의미형식(Sinnesgebilde)은 그것에 대한 본질적 의미의 층을 따라야 한다. 단순한 구문적 함유가 판단이 표상하는 의미에 대한 단서를 충전적으로 제공할 수 없다면, 이념적 본질을 '통한' 그와 같은 의미의 정향은 어떤 보다 깊은 발생에서 드러나는 것이다. 그리고 무엇이 경험 자체보다 다른 것으로 있을 수 있고, 그것으로부터 판단이 발생하는가?

이제 사고의 이념적 본질의 시원이 경험에 있다고 인정한다면, 우리에게 그 자체로 제시되는 길은 '심리학적' 분석의 길이다. 따라서 흄의 철학에 있어서 논리학에 의한 심리학적 정향에서 논리학은 심리학의 기술적인 학의 가지로서 다루어지고 있다. 심리학 속에서 논리학에 허용되고 있는 것은 논리학 자체를 제한하는 "오성"의 능력에 의하여 정의되는 것이다. 보다 분명한 숙고에서 패스모어(Passmore)가 보여준 것처럼, 즉 이성의 논리학과 오성의 논리학에서처럼 흄에 있어서 두 논리학을 지적할 수 있다.11) 이

---

10) *Form. u. tr. Logik*, §85 참조.

들 중 형식논리학의 영역은 진술이론을 다루는 상술한 이성의 논리학이다. 그리고 흄이 인정하는 것처럼 필연적인 두 전제로부터 형식적으로 타당한 추론은 수학에 의해서만 가능할 수 있다.

또 다른 논리학, 즉 비진술적 추론의 논리학에 관계하는 한, 그 방법은 인과적이고, 이는 일반적으로 모든 경험적 추론의 본질이다. 여기서 수학적 추론과 달리 그것은 '명증'으로서 받아들여지는 것과 결론으로서 이끌리는 것간의 '형식적' 관계를 획득할 수 없다. 문제는 자연적으로 다음과 같이 발생한다: 만일 형식적 관계가 어떤 종류의 관계가 아니라면, 따라서 그것은 명증과 결론으로서 있을 수 있는가? 흄의 대답은 그러한 관계에 있어서, 즉 사유과정의 심리학적 기술에 의하여, '논리적' 필연성보다는 '심리학적' 필연성에 관계한다.

이제 현상학적 메타논리학에 의한 흄의 형식논리학의 비판은 한편으로 인과적 추론의 회의적 평가와 다른 한편으로 "과학적" (흄의 경우에 있어서는 심리학적) 방법에 대한 믿음간의 단순한 내적 비일치성 - 패스모어가 언급한 "내적 긴장" - 이라는 보다 깊은 어려움에 직면한다. 그것은 흄이 다른 경험주의자들과 공유한 근본적인 '심리학적' 구속의 어려움이다. 심리주의 - 흄주의에서 단순히 진술된 심리주의 - 에 대한 후설의 문제제기에서 중요하게 대두되는 것은 논리학의 본질적인 이론적 토대가 심리학에 있는가이다; 따라서 심리학이 논리적인 이론구성에 대한 이론적 토대를 제공하는 한, 논리학은 다시 심리학적 분과인 것으로 입증된다.

---

11) John Passmore, *Hume's Intentions*, Ch. II.

후설이 심리주의에서 직면하는 주요한 점은 다음과 같다.[12] (1) 심리학은 심리적 현상, 심리적 기질과 유기적 과정으로부터 기인하는 '경험적' 보편 그 이상을 산출할 수 없다. 그것은 심리학이 어떤 명증적인 법칙, 초경험적인 법칙과 절대적으로 정확한 법칙을 이끌 수 없는 이유이고, 이러한 법칙이 결국 모든 논리학의 핵을 이해하게 한다. (2) 사유법칙이 자연법칙, 즉 인과적 법칙으로서 정의된다면, 그것은 개연성에 의해서만 형성될 수 있다; 그리고 그것은 모든 인식에 있어서 극단적인 개연주의를 의미한다. 그것은, 다르게 표현하면 심리학적 논리학은 '이념적' 법칙과 '실재적' 법칙간의, 논리적인 필연성과 실재적(즉 심리학적) 필연성 간의 근본적 구분을 인식하는데 실패했다. (3) 논리적 법칙이 심리학적 사실성에서 기인한다면, 그것은 심리학적 내용을 지닌다 - 그것이 의미하는 바는 심리적 현상의 법칙을 지니는 것이며 또한 그것의 영역에서 심리적 존재를 포함하는 것이다. 그러나 그와 같은 논리적 법칙은 사실의 문제를 함유하지 않고, 사실적인 심리적 표상의 실재를 함유하지도 않는다. 엄밀하게 다시 말하면 논리적 법칙은 정신적 삶의 법칙으로서 다루어지는 것이 아니다. 더구나 판단형식이 내부 경험의 현상과 동등한 것이라는 심리학적 논리학(특히 밀J. S. Mill)의 내용에 대해 후설은 유사한 것을 판단하는 반복된 '작용'에서 그것을 지적하고, 그러한 판단은 형성된 것이고 그리고 결론은 유사한 것으로 이끌려지고, 수적으로 통일적인 것으로 이끌려지는 것이다.(제 2 장 참조).

논리적 형식의 심리주의적 해명 - 그것은 극단적인 흄과 밀의

---

[12] *Log. Unt.*, Vol II 참조.

유형에 있고, 또한 대륙의 실증주의자들(마하 등)에 있고, 심지어 바이잉거("als ob"의 철학에서)에 있다 - 에 반하여 후설은 인식의 현상학적 비판에 의하여 제공되는 실증적인 점을 지닌다. 따라서 후설은 심지어 흄이 허구주의적 심리학과 인식이론을 통하여 사유형식을 해명하려고 한다고 지적하고, 상술한 "허구" 자체의 본성은 숙고하지 않는다. 현상학적으로 말하면 마음에 대한 전제로서 숙고되는 그러한 허구는 그 개별적 존재종류(Seinsart) - 그 명증적인 존재방식, 그 다양성에서 통일로서 주어진 양태 - 를 지녀야 한다. 그리고 후설은 논리적 형식은 "선험"으로서 이념적 대상성을 표상한다고 확고하게 주장한다; 그리고 그와 같은 이념성은 "심리적 비실재성"에 의하여 이해되는 것이다. 그와 같이 비실재적 의미형식을 심리학화하는 것은 명백히 분명하게 인정될 수 없다.

VII

심리학으로부터 구분되는 순수논리학의 옹호를 위해 "시원"의 문제가 다시 숙고된다. 후설의 선험적인 논리적 문제에 대한 출발점 자체는 이러한 근원문제(Ursprungsproblem)에서 드러난다.[13] 적절하게 말하면 현상학적 해명은 논리적인 것의 영역이 전통논리학에 의하여 통찰된 것을 넘어서 확대된다는 것을 드러낸다.

---

13) Husserl, *Erfahrung und Urteil*, Einleitung.

왜냐하면 그러한 근원은 전제로서 논리학이 관계하는 명증의미와 가치 배후에 근거하는 본질의 근거를 추적하기 때문이다. 그리고 이미 명증적인 것으로서 현상학적 "논리학의 계보"는 필연적으로 판단에 대한 발생적 심리학으로부터 기인하는 것이다.

의미발생의 관점으로부터 또는 의미근원 - 즉 그것의 형식으로서 판단 자체 속에 내포된 잠재적인 "지향적 함유"(die verborgene intentionale Implikationen)14) - 으로부터 판단의 선험적 비판은 두 중요한 단계로 이루어진다. (a) 분석의 단위는 개별적 판단, 즉 좁게 경험판단(Erfahrungsurteil)이다; 따라서 일차적인 판단이론은 가장 좁은 형식의 개별적 명증을 제공하는 명증적 판단이론이다. (b) 다시 명증적 판단이론에 있어서 그 전(前)단계는 단순한 경험인 비술어적 명증에 대한 술어적 명증 자체를 발생적으로 추적해 들어가는 이론이다.15) 그리고 경험적 판단의 명증에로의 이러한 귀환은 심리학적 관찰자의 어떤 귀납적 경험을 통하여 파생되는 것이 아니다. 게다가 성찰 속에서 받아들여지는 것은 의식 자체의 본성을 구성하는 지향성의 본질적 상(Wesensbestand)이다. 의식에 대한 각 대상은 - 이념성, 보편적 진리나 판단의 인식이든지 간에 - "자체 주어진 명증"으로서 그 소여 방식을 지닌다.

형식논리학은 단지 가능한 판단과 진리의 형식에만 관계하지만, 그러한 관계 자체가 근원적 경험에서 "명증"의 문제를 지니는 것은 아니다. 지향적 기능성(작능)의 철저한 방법에 대한 그 주관적 탐구의 국면에서 - 인식비판에서처럼 - 형식적 분석은 명

---

14) *Form u. tr. Log.*, §85, p. 184.
15) *Ibid.*, §86.

증의 범주적 성찰을 해명하려고 한다. 그러므로 그러한 작능 속에서 그리고 그것을 통하여 판단의 근원은 해명될 수 있다; 왜냐하면 명증적 통찰을 통해서만 판단은 그것의 소여양태에서 경험의 근원적 근거에로 귀환할 수 있기 때문이다. 그 정초적인 기능성에서 경험은 구문적 작용양태를 드러낸다; 단지 후자는 술어적 판단의 맥락에서 순수하게 범주적인 것을 특징지우는 모든 개별적인 것과 문법적인 형성으로부터 자유롭다.

형식적인 범주적 논리학이 - 그리고 형식적인 존재론도 - 관계하는 한, 그것은 선소여로서 실재적 세계에 관한 일종의 현상학적 소박성을 지닌다. 형식논리학은 대상의 선소여(Vorgegebenheit) 방식의 구분에 대해서 문제를 제기하지 않는다; 그것은 단지 판단대상의 명증적인 판단조건에 대하여 물을 뿐이고, 판단대상의 명증적인 '소여'조건에 대하여 묻지 않는다.16) 후설에 있어서 형식논리학은 결국 선소여로서 사고된 실재적 세계에 대하여 사념하는 논리학으로서 유지된다. 형식논리학과 다른 판단의 현상학적 근원은 선소여적 대상 자체의 모든 명증에 관계하고, 즉 판단에 관계된 대상의 명증적 소여조건에 관계한다.

그래서 상술한 후설의 "선험적 논리학"에서 이성적인 것을 확립하는 논리적 형식은 형식에 관계된 소여방식을 이끌음으로써 의식의 근원적인 기능성에 의하여 해명되는 것이다. 이러한 주어짐 - 더구나 후설이 "자체 소여"(Selbstgebung)라고 일컫는 것처럼 - 은 논리적 형식의 이념성에 대한 명증을 구성한다. 따라서 후설이 논리적 형식의 "근원적 구성"이라고 부른 것 - 이념적 대상의

---

16) *Erfahrung und Urteil*, §4.

정초, 의미의 정초(Sinnesfundament), 논리적 종류의 정초를 구성하는 것 - 은 기능성에 있어서 그리고 의식작용을 수행함에 있어서 추구되어지는 것이다. 그럼에도 불구하고 그러한 작용은 이념적 대상(어떤 이념주의적 의미에서)을 "산출함" 또는 "구성함"으로써 받아들여지는 것이 아니고, 그것을 공유함으로써 그와 같은 존재론적 상을 받아들이는 것이 아니다. 그것은 논리적인 종류의 이념적 대상성에 속하는 특수한 명증, 즉 자체 소여의 지향적 작능(die intentionale Leistung der Selbstgebung)만을 지닌다.[17]

직접적 명증에 대한 이러한 탐구에서 논리적 원리의 본래적으로 진정한 의미가 근거하는 것은 선술어적 경험의 본질과 구성물에 대한 보다 깊은 통찰을 요구한다. 따라서 후설은 그러한 선술어적 명증의 진술이 일상적 경험의 선과학적 세계 - "생활세계"(Lebenswelt)라고 불리우는 것 - 에서 원본적으로 드러날 수 있다고 한다(제 6 장과 8 장 참조). 모든 술어적 명증은 경험의 궁극적 명증에 근거하고 있다. 따라서 생생한 경험세계에서 단지 우리는 논리적 의미 - 판단에서 이미 작용하는 요소로서가 아니라 의미를 구성하는 근원적 명증으로서 - 에 직면한다. 결과적으로 판단에 대한 명증적 근거의 탐구에서 경험세계에로 귀환은 생생한 경험세계에로 귀환함을 의미한다.[18]

---

17) 후설에 의하면 대상성의 범주와 명증성의 범주는 상관관계를 지닌다. 왜냐하면 각각의 대상성의 정초적 방식은 명증적 "경험"의 정초적 방식에 속하기 때문이다.(*Form. u. tr. Log.*, p. 144 참조).
18) *Erfahrung und Urteil*, §7, 10.

결론

 결론적으로 후설은 어떠한 방식에서도 형식논리학과 그것의 분석영역을 부인하지는 않는다. 궁극적인 분석에서 그가 부인하는 것은 형식논리학의 분석영역이 자기해명이라는데 있다. 그에 반하여 그것의 궁극적 의미는 새로운 차원에서, 즉 의식(선험적 주관성)의 구성적 작능의 주관적 방향에서 탐구되는 것이다. 형식논리학으로부터 선험논리학에로의 변경은 논리학에 있어서 이차적인 문제이거나 보다 고차적인 문제로 드러난다. 그와 같은 문제는 보다 깊은 '이론적' 태도에 침잠할 때만 발생될 수 있다 - 그것은 전제된 주관적(반심리학적) 근거라는 관점으로부터 판단 근원의 명료화를 요구하는 것이다. 그래서 형식논리학과 선험논리학의 관계는 선언적 관계로서 이해될 수 없다. 즉 우리는 한편에 대해서도 또한 다른 편에 대해서도 결정할 수 없다. 물론 우리는 형식논리학을 그만두어야 한다; 그러나 후설이 언급한 것처럼 선험논리학은 "이차적 논리학"으로서 숙고될 수 없지만, "철저한 그리고 구체적인 논리학 자체"로서 더욱 숙고되어지는 것이다 - 그것은 현상학적 방법의 승인을 통하여 발생하는 것이다.[19] 후자의 경우에서 논리학은 단순한 사고기능의 자치로부터 완전히 성숙된 경험비판에로 나갈 수 있다.

---

19) *Form, u. tr. Log.*, p. 256 참조.

제 4 장

현상학에 있어서의 주관주의

철학에 있어서 "주관주의"(subjectivism) 또는 "주관적"(subjective)이란 약간은 어렴풋한 의미로 흔히 사용되고, 더구나 비난하는 듯한 의미로 사용되고 있다. 따라서 가령 관념주의적 철학은 그것의 원본적 국면에서 주관주의라는 사실로 인하여 대부분의 실재론자들에 의하여 비난을 받는다. 주관주의의 비판과 같은 것이 새로운 철학적 분과인 현상학에 대해서도 쉽게 발생한다. 그리고 그러한 비판은 부분적으로 현상학의 전형적인 - 그리고 때로는 모호하거나 하지 않은 - 탐구와 방법 때문일 수 있고 또한 부분적으로 그러한 비난은 현상학의 비구속적 관점에 관한 오해 때문일 수 있다. 그래서 현상학은 무엇인지, 어떻게 '주관적' 철학, 즉 주관주의의 책임에 개방된 철학이라고 더욱 현실적으로 일컬어질 수 있는 가라는 문제는 탐구할만한 가치가 있다 - 주관주의는 분명히 존재를 그 좁은 비난적 의미에서 받아들인다. 이 장의 이후의 부분(특히 6절)은 어떠한 의미에서 현상학에 있어서의 중심적인 역할을 하는 주관성의 원리가 어떠한 의미에서 작용하는 가라는 문제에 더욱 관계할 것이다.[1]

---

[1] 그런데 현재의 장은 문제, 즉 여기서 제기된 논쟁적 문제의 첫 번째 국면에 보다더

I

철학에 있어서의 주관주의는 어떤 종류의 고전적 진술의 진리가 진술을 형성하는 인격주체(person)의 정신적 상태나 반응에 의존한다고 한다. 주관주의의 문제는 원칙적으로 철학에 관한 두 국면 - 방법과 이끄는 입장 - 에서 발생할 것이다. 따라서 어떤 특수한 철학은 주관적 방법을 추구한다고 말할 수 있다. 그리고 철학은 그것의 분석과 탐구의 결과로서 주관주의자의 입장을 받아들일 수 있다. 후자가 전자에 필연적으로 의존할 필요는 없지만, 전자는 흔히 후자의 입장을 이끈다.

그러나 현상학에 있어서 방법과 관점은 주제를 이끄는 것보다도 더욱 중요하다. 그리고 현상학은 주로 그 기획에 있어서 어떤 형이상학적 세계관과 같은 것에 관계하지 않기 때문에, 존재(Being)와 그것의 존재론적 특성에 관한 체계적 진리와 원리를 고수하지 않기 때문에, 그와 같은 방법과 관점이 중요한 것이다. 현상학은 실재성의 이론이기보다는 분석방식이다. 왜냐하면 현상학은 한편으로 존재를 어떤 자연과학에로 환원하는 것을 받아들이지 않고, 이미 전제로부터 자유로운 비형이상학적 특성을 고수하는 새로운 철학적 분과를 확립하고자 하기 때문이다. 그러나 어떤 의미에서 '경험적' 간취가 제시하는 것은 '단순히' 경험영역을 지닐 필요가 없고, 더구나 그 자체의 엄밀한 탐구영역에서 반성이라는 방법을 받아들이는 것이다. 그러므로 우리의 현재의 탐

관계하고 있다.

구는 보다 밀접하게 방법론적 주관주의의 탐구에로 주로 향할 것이며, 현상학적 철학의 모든 기획에 있어서 의문의 여지가 있고, 포함되어 있는 것이다.

주관주의의 엄밀한 결과에 관계함으로써 가능한 여러 의미들이 형성될 수 있다. 후자는 결과와 마찬가지로 방법 - 그것들 중 어떤 하나나 양자 - 에 속하기 때문에, 철학함의 이러한 두 국면 간의 엄밀한 구분도 흔히 불가능한 것으로 드러난다.

a) 주관주의는 단순히 '심리주의'를 의미할 수 있다. 즉 주관적인 것은 심리학적으로 결정된 것이다. 진리가 주장하는 바는 어떤 것이든지 간에 심리학적 분석 - 정신적 상태의 탐구 - 에 근거해서만 이루어진다. 마음 속에서 실재로 발생되는 것은 실재의 본성과 관련하여 진술될 수 있는 것에 의해 그 기준을 받아들인다. 그와 같은 측정기준에 있어서 심리학적 정초에 의해 단순하게 정립되지 않는 것은 단지 "객관적", 즉 비심리학적이거나 비정신적(non-mental)이라고 일컬을 수 있다.

b) 개인주의나 상대주의의 의미에 있어서 주관주의는 결과적으로 인격으로부터 인격에로 그리고 경우(case)로부터 경우(case)에로 변경하는 '인격적인' 것으로서만 진정으로 유지된다. 이러한 의미는 명백한 것이고, 동일한 진리의 각각의 두 측면을 강조하는 것으로 간주될 수 있는 첫 번째와 두 번째(a와 b)가 밀접하게 유사한 것이다 - 인격적인 것은 경험론적으로 심리학적인 신체를 지니고, 동시에 심리학적인 것은 인격적인 것을 지닌다. 따라서 우리는 "단순히 인격적 이성"에 의해서 이끌려지는 어떤 진리에 대한 주장을 흔히 거부한다.

c) 특히 인식론적 맥락에서 더욱 철학적인 주관주의에로 지향할 때, 우리는 일반적으로 주관적 관점으로 간주되는 것을 지적할 수 있고, 그것은 흔히 "자아 중심적인" 것으로 특징지워진다. 이러한 자아 중심성(ego-centricity)은 인식하는 주관에 인식적 대상이 필연적으로 의존하고, 인식하는 주체의 '인격적' 구성을 탐구하지는 않는다. 이러한 의미에서 주관적인 것은 주관적 원리에 의존함을 의미하는 두 요소(즉 객관과 주관)의 가능한 변경에서 주어지는 특수한 존재이기 때문에 발생한다 - 단지 전자 즉 객관이 후자 즉 주관에 의존하는 것이다. 따라서 가령 꿈의 대상은, 그것이 꿈을 꾸는 의식에 본질적으로 의존하는 한 그리고 그와 같은 것으로 "사적으로" 기술될 수 있는 한, 주관적인 것으로 받아들여진다. 주관성의 이러한 개념에 상응하여 '객관적인' 것은 주관과 관계된 어떤 가능성에 의하여 결정될 수 없는 것일 수 있고, 그와 같은 것은 비의존적이고, "공적인" 것으로 간주될 수 있다. 따라서 "공적인" 사실은 "사적인" 사실을 넘어서 타당성을 주장할 수 있고, 사적인 사실은 넓은 의미로 여기서 서술한 주관성의 세 가지 의미를 모두 지닌다.

d) 더구나 공적인 사실은 주관적 원리에 대한 관계나 지시관계의 의미 - 주관적 의존의 요소가 성찰될 수 있다는 의미 - 에서 주관성에 대해 약간 넓은 의미를 지닐 수 있다. 주관에 본질적으로 관계되는 것이나 지시관계를 지니는 것은 주관에 필연적으로 의존할 필요는 없다. 그러나 주관에 의존하는 것은 - 완전히 의존하거나 부분적으로 의존하거나 간에 - 주관에 필연적으로 관계되는 것을 의미하고, 본질적인 지시관계를 지니는 것을 의미한다.

사물이나 전경의 특수한 "전망"(시각)을 지니는 것은 '주관적인 것'인데, 그것은 관찰자에 의거한 존재의미에서가 아니라 단지 지각자의 맥락에서, 즉 지각하는 마음과 관련해서 발생될 수 있다. 그러나 러셀과 같은 실재론자는 "전망의 체계"에 의해 물리적 대상을 정의하려고 객관주의적 지향에 대해 이러한 "전망"개념을 확대한다. 이러한 의미에서 꿈의 대상, 지각하는 (꿈꾸는) 마음에 전적으로 의존한 현상으로서 일반적으로 인정되어지는 것은 단지 주관의 관계성의 특수한 경우로만 여겨질 수 있다. 그러나 시각적 전망과 다르게 꿈의 대상은 단지 주관적인 것에 관계된 것으로서, 주관에 의존하여 '전체적으로' 존재하는 것으로서 - 부분적으로가 아닌 - 기술될 수 없다.

II

이제 후설 현상학으로 전환하면, 우리는 주관적인 것으로서 인정된 방법론적 접근을 가로지르게 된다. 그리고 새로운 엄밀한 분야를 제공하는 현상학은 그 철학적 반성을 위해 방법을 분리·제거한다면, 아무것도 아니다. 그러나 위에서 열거한 의미를 넘어서 현상학은 더욱 탐구되어야 하지만, 현상학적 방법은 '주관적인' 것으로 다루어질 수 있다. [이념들]의 서문(B. Gibson의 영역)에서 후설은 다음과 같이 언급하고 있다: "순수반성에 있어서 내면으로 향하는, 결정적으로 '내부 경험'에 따라 그리고 신체적 존재로서 인간에 관계된 모든 심리-물리적 문제에 따라 나는 물리적 삶의 근원적이고 순수한 기술적 인식을 그 자체가 있는 것으로서 나 자신으로부터 획득된 가장 근본적인 존재로서 획득하기 때문에, 여기서는 오직 지각 매체만 존재한다."[2] 이러한 진술로부터 출발하여 더욱 나가기 이전에 발전의 초기와 후기 단계에서 각기 특징지워지는 각기 다른 두 종류의 현상학간의 분명한 구분을 긋는 것이 이 단계에서 적용될 수 있다.

중심적인 현상학과 또한 후기의 국면은 일반적으로 '선험적' 현상학으로 특징지워질 수 있고, 선험적 현상학은 후설이 '선험적 관념론'(trancendental idealism)이라고 일컫는 것을 더욱 구현하려고 한다. 여기서 "선험적"이라는 표현은 현상에서 의식의 전체적 상을 특징지우는 것을 의미하고, 의식의 영역을 넘어서 그 자체가 드러나는 현상은 의식에 의해 '지향된' 또는 의식된 것이며, 그 본질적 특성은 지향성에 있다. 이러한 선험적 현상학의 형식과 구분되어지는 것으로서 초기의 국면은 비선험적이고, 순수 '기술적 현상학'의 형태를 지니며, 기술적 현상학은 필연적으로 어떠한 관념론적 언급도 하지 않는다. 그에 반하여 그와 같은 현상학은 경험적 심리학의 근거를 제시하려고 하고, 순수논리학의 정초적 개념과 이념적 법칙이 발생되는 근원을 제시하려고 한다. [논리연구]에서 후설은 지향성의 양극 구조에 의하여 - 지향하는 작용과 지향된 대상에 의하여 - 그와 같은 어떤 특수한 극에 그 자신을 구속하지 않고, 지향적 의식의 기술적 현상학을 발전시켰다.

---

[2] *Ideas.* Vol. I. 서문(tr. B. Gibson).

III

 이제 위에서 언급한 주관주의의 처음의 두 의미, 즉 심리주의와 개별적 상대주의에 반대함으로써 현상학은 현저하게 반심리학적 관점을 제시하는 것으로 여겨진다. [논리연구]에서 후설은 심리주의의 비판을 이끌고 있다. 이러한 비판의 배후의 동기는 경험적 심리학의 접근으로부터 순수하고 자유로운 것을 요구하는 새로운 논리학을 제시하려는데 있다. '이념적'(ideal) 법칙에 대한 순수심리학적 토대의 부당성은 '실재적'(real) 법칙으로부터 구별됨으로써 드러났던 것이다. 후설은 심리학이 심리적 현상, 심리적 해명과 유기적 과정으로부터 이끌려진 경험적인 보편성 그 이상을 제공할 수 없다고 한다. 그것이 심리주의자들이 왜 필증적으로 명증적인 비경험적인 것, 즉 순수논리학의 실마리를 구성할 수 있는 엄밀한 규칙을 제공할 수 없는 가의 이유이다.
 더구나 현상학적 관점은 그 출발점을 경험적 심리학의 관점과 분명하게 구분한다. 내부 경험의 심리학적 기술과 현상학적 기술 간의 구분은 후설에 의하여 지속적으로 강조되고 있다 - 양 분야에서 존재하는 것은 주관의 문제와 동일하게 존재하는 피상적으로 현출하는 것과 관련된다. 심리학이 관찰자에게 제시된 '사실', 자연적 사건(정신적임에도 불구하고)의 학일 때, 현상학은 사실의 학이 아니라 "본질적으로 존재하는 것" 또는 "본질"의 학이고자 한다. 더욱 구별되어지는 점을 강조하면, 심리학은 '실재적' 사건의 현상, 결국 시공간적으로 정위를 지니고 경험적으로 세계에 포함되는 현상에 관계한다. 다른 한편으로 현상학적 탐구내용은

'실재적인 것'으로서가 아니라 실재적이 아닌 것으로서 또는 후설이 표현한 것처럼 "비실재적인 것"으로서 특징지워지는 것이다. 심리학에서 마음은 "자연적 태도" - 즉 어떤 물리적-물리학적 상호관계를 지닌 '자연적' 사건으로서 어떤 마음의 내부 상태에 의해 다루어지는 - 의 지시하에서 경험을 지향하는 것이다. 그에 반하여 현상학적 관점 자체는 자연적 질서를 단절함으로써 순수 의식의 자율적 영역에 관계한다.

따라서 여기서 현상학은 인간적 인격에 사실적으로 속하는 주관성의 현상에 본질적으로 관계되지 않는다는 내용을 지닌다. 더구나 이러한 주관성의 현상은 후설이 "인간학"(antropologism)를 포함하는 현존재의 분석(Daseinsanalytik)(하이데거의 분석)에 의한 주관성에 대한 지향을 반대하려고 이끄는 것이다. 후설이 "선험적 주관성"에 의하여 엄밀하게 의미하는 것은 비인간학적이고, 비심리학적인 것으로서 어떤 다른 경우에서 논의될 수 있는 것이다.

심리주의적 해명과 유사한 어려움은 우리가 "현상"의 엄밀한 상을 더욱 밀접하게 숙고할 때 또한 발생한다. 현상학적 접근에서 "자연적 태도"의 '사실'로서 나타나는 것은 "현상", 즉 주관에 의하여 의미된 것을 '통한' 대상의 의미에 의해 해명되어지는 것이다.(칸트에 있어서처럼 실재적인 것과 "물자체" thing-in-itself와 구분되는 부정적인 형이상학적 현상을 함유하지 않는 것이다). 그러나 그와 같은 "현상"은 필연적으로 내성(introspection)에 따라 심리적인 것으로서 이해될 수 있는가? 그와 같이 상술한 심리학적 용어로 이해될 수 없는 "현상"은 현상학적 분석 자체의 모든 본성으로부터 명증적인 것이다. 왜냐하면 후자는 지향적 의식에 의해 드러나기 때문이다. 그리고 지향성은 객관화하는 의식기능을 의미하고, 그와 같은 지향적 분석은 '대상성'의 해명을 제공한다. 상술한 기능은 다시 그것의 요소적 형식에서 (의식의) 주관이 '이념적' 통일(또는 의미)에 직면하고, 그러한 전환에서 이념적 통일은 통일적인 것으로서 드러나는 것이다.3) 지향성의 산물에 의하여 대상성을 그와 같이 분석함에 있어서 후설은 심리주의를 극복하려고 한다.

물론 여기서 제기되는 점은 상술한 현상학적 파악양태의 문제와 필연적으로 관계되는 것이다. 그것에 관련하여 단순한 내성 가능성은 보류되고(이미 언급한 바와 같이) 그리고 그것의 정위에서 상술한 "형상적 직관"이나 "본질직관"이 현상학적 탐구의 실증적 방법으로 이끌려진다. "본질직관"(Wesensanschauung)을 통한 "본질" - 대상의 사실적 '존재자'(existence)로부터 명백하게 구별되는 실재적 본질이나 이념적 본질은 직관된 것으로 드러난다 - 은 순수존재에서 파악되어지는 것이다. 그러한 본질은 의식 이전에 - "우리가 보기 이전에" - 유지되는 본질 자체의 표상에서 개별적인 현출방식이다. 그와 같이 현상과 그것의 파악양태를 해명함에 있어서 현상학은 필연적으로 심리학으로부터 그 출발점을 받아들인다. 그러나 이러한 문제는 우리를 현상학의 중심적 문제 중의 하나에로 곧바로 이끌며, 즉 직관 그 자체에 '대한' 직관된 본질의 상에로 곧바로 이끈다 - 이러한 문제는 위에서 언급한 주관주의의 마지막 두 국면을 밀접하게 이끄는 것이다.

---

3) A. Gurwitsch, "On the Intertionality of Consciousness" in *Philosophical Essays in memory of Edmund Husserl*, ed. M. Faber 참조.

IV

이제 더욱 철학적인 - 더구나 인식론적인 - 주관주의의 지향에로 전환하여, 자아-중심의 형식에 관계한다. 물론 이것은 현상학적 직관의 본질에 관계하는 한, 주관-의존의 문제에 관계한다. 이러한 관계에 있어서 현상학적 직관이나 반성에서 '주어진 것'으로서 본질(또한 종종 "현상"이라고 일컬어지는 것)의 특수한 상이 성찰되어지는 것이다. 따라서 한편으로 본질이 보편적인 객관적 의미를 통하여 반성하는 의미에서, 즉 후설의 초기 저작 [논리연구]에 진술된 논리적인 객관적 상에서, '주어진 것'으로서 인식되는 것이다. [논리연구]에서 이끌려지는 기술적 분석은 약간의 중립적 태도, 즉 주관적인 면이나 객관적인 면에 대한 어떤 선취를 지니지 않고 드러난다. 이러한 현상학의 국면 - 일반적으로 "기술적 현상학"으로 알려졌다(또는 흔히 "비선험적 현상학"이라고 알려졌다) - 은 그것의 본질적인 구조에서 현상의 기술적 연구에 관계하는 것이고, "대상성에로 향한 동기"(패스모어Passmore)로서나 "대상성에로의 전환"으로서 넓게 해명되어지는 것이다.[4]

이제 (경험적) 주관에 대한 현상의 의존의 문제에 관계하는 한, 사실 현상학은 부정적인 것으로 대답될 수 있다. 우선 현상학은 본질의 부분에 의거한 사실일 수 없다. 왜냐하면 본질의 부분은 사실이 아니라 비사실이기 때문이다. 본질의 부분은 인식적인 의존이 있을 수 없다. 왜냐하면 본질은 구성된 것이 아니라 반성하

---

[4] John Passmore in *A Hundred Years of Philosophy*. Ch. VIII 참조.

는 의식에서 명백하게 드러나는 것이기 때문이다.

그러나 여기서 다시 '선험적' 현상학으로서 현상학의 보다 중요한 관점에 이른다. 본질 또는 현상은 절대적으로 '객관적인' 맥락에서가 아니라 본질적으로 반성하는 의식 자체에 의해 타당성을 지니는 것으로서 나타난다는 것이 지적되어야 한다. 왜냐하면 무엇이 직관 자체로부터 분리되어 직관된 본질의 상으로서 있을 수 있는가라는 문제 때문이다. 이제 그러한 점에 대한 후설의 입장은 보다 분명하게 확립된다: 지향성은 반성을 통하여 산출된 것이 아니다. 그에 반하여 지향성은 반성을 통하여 인식에로 '나아가는' 것이다. 전형적으로 진술된 것처럼 후설에 의하면 반성은 지향성을 그 자체로 분명하게 하는 것이다. 따라서 의식은 반성작용을 통하여 '구체적' 대상을 산출하지 않는다: 오히려 의식은 말하자면 대상을 '되게한다' - 그리고 그와 같이 자연적 태도의 사상(things)으로서가 아니라 의미의식의 현출로서 대상의미가 구성되는 것이다.

그러므로 후설 현상학은 경험적 주관에 의존한다는 의미에서 주관주의를 포함하지 않는 것으로 여겨진다. 그러나 이것은 각기 다른 층에서 주관에 의존하여 존재하는 현상의 가능성을 배제하지 않는다. 현상학에 있어서 모든 현상은 경험적 주관으로부터 엄밀하게 구별되는 '선험적' 주관에 의존하고 있는 것으로 받아들여진다. 이것은 분명히 우리를 최종적인 것에로 이끌고, 보다 넓게 주관적 원리의 관계성이나 지시관계로서 주관주의의 의미에로 이끈다. 이미 지적했던 것처럼 기술적 국면에서 현상학은 이러한 맥락에서 숙고되어지는 것으로서 받아들여지는 경험적 주관에 대한 현상의 필연적인 의존성을 명증적으로 드러내지는 않는다.

 그러나 이미 언급한 의미에서 현상의 그와 같은 주관적 의존성의 해방은 본질적으로 주관에 관계된 것이라는 가능성을 배제할 필요는 없다. 근본적으로 현상의 탐구로서 현상학은 현상이 본질적으로 어떤 현상으로서 현출한다는 이치를 부인할 수 없다. 그리고 후설이 정의하는 것처럼 무엇이 존재한다는 것, 즉 우리가 존재한다고 하는 것은 '현상'으로 현출되어지는 것이다. 그래서 현상은 대상을 '의미하는' 의식반성의 구조에서 필연적으로 이해되는 것이다. 현상학자에게 있어서 대상은 사실 소박한 대상이거나 자연적 대상이 아니라 항상 '의미된 것으로서'의 대상, 즉 의식에서 의미된 것으로서의 대상이다. 이러한 의미에서 근본적인 주관적 요소는 현상학에서 거의 부인되지 않는다 - 어떤 요소는 가장 초기의 국면에서 분명하게 대립되는 경향이 있음에도 불구하고, 선험적 현상학에서 지속적으로 유지된다.

 이러한 보다 깊은 주관성의 요소는 전형적인 "구성"개념 - 선험적 현상학에서 중심적인 개념 - 에 의하여 분명하게 이해될 수 있다. 지향적 의식에 의한 그리고 철저한 근거와 모든 대상인식의 전제의 탐구에 의한 기술적 분석에 따라 후설은 "현상학적 환원"방법에 이른다. 그것은 주관성 또한 선험적 주관성에로 귀환하여 모든 현상을 추적하는 것을 의미하고, 그러한 주관성은 지시관계의 해명할 수 없는 극을 대상성에 제공한다. 선험적 주관성에서, 궁극적 분석에서 후설은 모든 지향적 작용들이 근거하는 근본적 원리를 탐구할 수 있다고 믿는다. 그리고 이러한 근본적 원리는 다시 그것의 본질적인 구성적 기능을 통하여 대상성의 세계를 '구성한다.' 이와 상관하여 주관성이 인식대상을 구성한다고 하는 것의 의미는 그러한 대상의 질료에 부여한 의미라기 보다는 후설이 '의미부여'(Sinngebende)라고 표현하는 것과 마찬가지로 현상에 부여하는 의미(sense or meaning)이다. 그리고 그 밖의 무엇이 의미의 이러한 요소로부터 분리된 현상의 본질일 수 있는가?[5]

간략히 현상학적 환원의 역할을 강조하기 위하여 우리는 그러한 환원이 제시할 수 있는 이중의 목적을 철저한 현상학의 연구자인 테브나즈(Thévenaz)를 따라 지적하고자 한다.[6] 한편으로 현상학적 환원은 소박하게 실재론적이거나 자연주의적인 구속 - 모든 출발점에 존재하는 자연적 태도 - 을 제거해야 한다. 다른 한편으로 환원은 심리학적 경향에 주로 근거하고 있는 상대주의에로의 모든 이행을 거부하고, 따라서 의미의 철저한 근거에 대한 필증적 명증의 길을 구축해야 한다. 그러나 궁극적 분석에서 더욱 실증적으로 숙고된 현상학적 환원은 선험적 주관성 자체의 원리, 즉 모든 "세계구성"의 자리를 목적으로 하고 있다.

선험적 주관성 자체의 원리의 방향으로 결정적으로 드러나는 인식의 현상학(흔히 "절대적 현상학"이라고 일컬어지는 현상학)은 어떻게 상대주의와 주관주의로부터 자유로운 것으로 간주될 수 있는 가라는 문제를 더욱 야기할 수 있다. 이와 같이 언급되

---

[5] 메를로-뽕띠는 약간 다른 형식에서 다음과 같이 강조한다. "현상학적 세계는 선존재하는 존재의 명백한 표현을 이끄는 것이 아니라 존재하는 것을 배제하는 것이다."(*Phenomenology of Perception*, 서문).
[6] Pierre Thévenaz, *What is Phenomenolgy?*, ed. & trans. James Edie 참조.

는 주관성은 모든 대상성의 근거라고 단언되고, 아니 경험과 과학의 상호주관적 세계의 근거라고 단언되는 특수한 주관(그러한 경우가 있을 수 있는 것처럼)과 관련해서 이해되는 것인가? 개별적 주관에 의한 주관성의 정의는 의심할 여지없이 세계구성에 대한 상대주의적 근거에 영향을 받은 것이다. 그러나 우리가 근본적으로 현상학의 선험주의적인 근본적 태도를 해명할 때, 그와 같은 오해는 쉽게 정당화되지 않는다. 그와 같은 태도는 경험적 연합이라는 의식의 경험적 탐구를 결코 제공하지 않는다. 더구나 태도의 목적은 그 속에 근거된 '아프리오리한' 본질이나 이념성에 의해 의식의 '이념적' 구조를 탐구하려고 한다. 후설의 관심은 원래 대상성의 본성과 구성물의 해명에 의해 가능한 본질의 체계에 있다. 그와 같이 대상을 구성하는 본질의 근거로서 의식은 필연적으로 동일적인 것으로서 인식되며, 불쑥 나타나는 인격적 변화의 문제가 아니다.

비록 의식은 선험적 주관성의 다양성을 지니지만, 그와 같이 존재하지 않아야 한다는 어떠한 이유도 필요로 하지 않는다 - 의식이나 주관성의 전제적 원리에 근거하는 동일성은 여전히 거기에서 유지될 수 있다. '아프리오리한' 본질에서 인간 이성의 동일한 구성은 끊임없이 작용하는 전제로서 의심할 여지없이 제공된다. 여기에는 인간 이성의 "선험적 '아프리오리'"(그리고 본질적인 기능적 형식)에 의해 칸트와 밀접한 유사성이 있음을 알 수 있다.[7]

---

7) Herbert Spiegelberg, "How subjective is Phenomenology?", *Proceedings of the American Gatholic Philosophical Association*, 1959 참조.

V

그러므로 우리는 더욱 분명하게 다음과 같은 점을 볼 수 있다: 비록 주관적 의존이라는 의미의 주관주의로부터 자유로운 현상학은 주관적 관계성의 요소(직관에서 "선험적 주관성"을 지니는 요소)를 제거할 수 없다. 선험적 주관성이 어떻게 엄밀하게 동일적 체계, 즉 의식의 체계적 학문에 의거하는 가에 대해 정당하게 제기되는 문제는 개별적 의식의 변경에 의해 제거되는 것이 아니다. 그러나 이러한 점에서 우리는 후설이 진정으로 보편적인 주관적 '아프리오리'를 이끌려고 한다는 사실을 이미 지적하였다.

이러한 주관적 관계성의 요인은 현상학적 절차 자체의 맥락에서만 다시 숙고되어지는 것이다. 그러므로 주관적 연합은 "명증"에 의한 현상학자의 접근에서 모두 해명될 수 있는 가라는 문제를 발생한다. 현상학적 기술에서든지 귀납에서든지 간에 현상의 자체 명증적 직관은 판단근거를 제공하려고 한다. 현상학에 있어서 근원적으로 주어진 의식양태로서 직접적 직관의 모든 유형은 본질적으로 "정당한 근거"(Rechtsquelle)를 제공한다. 그러나 '명증'에 대한 현상학자의 요구는 개별적인 의식의 판단에 대해 그 자체를 옹호할 수 있는가? 현상의 확고한 자체 명증은 최소한 '얼핏보면' 우연성과 임의성의 요소를 포함하고 있는 것으로 여겨진다. 스피겔베르그(Spiegelberg)가 적절하게 지적한 것처럼, "그러한 자체 명증은 현상학적으로 승인된 테두리가 아니고, 심지어 스스로 확언하는 현상학자의 테두리가 아니다."[8] 더구나 그러한 자체 명증은 피상적 자체 명증이나 가상적 명증 가능성을 또한 지니는 것이다.

 이제 명증을 통한 접근의 그와 같은 책임에 대한 어떤 해명은 명증적 방법의 보다 신중하고 자기 비판적인 적용에서 일시적으로 획득될 수 있다. 현상의 명증에 관련하여 대상성의 기준(일상적인 "공적" 의미에서의 기준)에 더욱 접근하는 것은 이중의 방향에서 획득될 수 있다. 첫째로 반성하는(즉 환원을 수행하는) 마음은 지적 조건과 마찬가지로 심리학적 조건과 분명히 단절되어야 한다 - 그럼에도 불구하고 어떤 과정은 세계 내의 자연적 신념의 "괄호침"(즉 현상학적 "판단중지")과 연관된 태도 보다도 쉽게 입증되지 않는다. 둘째로 상호주관성의 대부분의 인격적 변경으로부터 자유는 - 보다 더 보완된 과정으로서 - 자연과학적 자료에 의하여 일상적으로 받아들여진 방법에 의거하여 또한 획득될 수 있다. 여기서 내가 말하고자 하는 바는 차별적 명증의 비교를 통한 어떤 종류의 검증에 의해 직관적 명증에서 주어진 것을 주관화하는 과정이다. 그리하여 우리는 그 자체로 주어진 현상에서 본질적인 것을 파악하고자 하며, 그것에 대한 비본질적이고 비보편적인 것을 해명하고자 한다.

 경험론자들 - 특히 논리적인 경험주의자들 - 이 명증이라는 현상학적 방법을 비판할 때, 현상학의 비판적인 해석자 카우프만(Kaufmann)이 지적한 것처럼 "'대상성'의 개념에 함유된 상호주관적 조화가 아주 복잡한 구조를 지닌다는 사실"을 간과하기 쉽다.[9] 객관적으로 주어진 감각자료의 이념에 고정된 관심에 의해

---

8) *Ibid.*
9) F. Kaufmann, "Phenomennology and Logical Empiricism", *Philosophical Essays in memory*

논리적 경험주의자들과 실증주의자들은 그 자체로 불변적이고 궁극적인 문제를 해명할 수 없다: 어떤 전제는 객관적인 경험세계의 이념을 함유하고 있는가? 그리고 어떻게 이러한 전제는 개별적인 세계경험에 포함되어 있는가? 다른 한편으로 현상학적 명증방법은 객관적 세계에 대한 우리의 일상적 이념에 함유되어 있는 전제의 어떤 층을 밝히고자 한다. 그리고 현상학적 명증은 판단대상의 명증적 주어짐(더구나 자체 주어짐)의 조건을 형성한다는 의미에서 '객관적인' 것이다 - 대상은 "그 자체 그것"이라는 근원적인 주어짐의 의식에서 드러는 점에서 객관적인 것이다.

여기서 경험적 철학자들과 언어철학자들은 그들의 방향에서 어떤 종류의 명증, 즉 '경험적 명증'에 또한 관계한다고 지적할 수 있다. 넓은 의미에서 그들은 물리적 세계의 구성이 심지어 간접적일지라도 감각자료에 의하여 궁극적으로 탐구될 수 있다는 데 일치한다. 물리적 사물의 세계가, 만일 감각소여에 의해 직접적으로 분석될 수 없다면, 최소한 "우리의 감각소여의 근거에 의한" "구성"으로서 이해되어지는 것이다. 다시 말하면 감각소여는 "물리적 대상"의 진술을 변경함으로써 드러나는 명증을 제공한다.

문제는 다음과 같이 지속적으로 발생될 수 있다: 경험주의자들이 주장하는 것처럼, 그들이 호소하는 감각경험의 객관적 자료는 "공적인 사실" - 형상적 직관의 명증이 "사적으로" 드러난다는 것에 대립하여 - 이다. 그러나 중심적인 문제는 다음과 같이 표현하는 편이 나을 것이다: 물리적 대상과 관련된 감각소여의 엄밀

---

of Edmund Husserl(ed. M. Faber).

한 상은 어떻게 경험적 철학 자체에서 더욱 분명하게 결정되는가? 이러한 감각소여의 상은 어떻게 관찰되어지는 감성적 작인을 성찰함으로써 정의되어지는 것인가? 감각소여는 의심할 여지없이 비정신적인 것으로 간주되지만, 이미 관찰자와 관련된 어떤 방식에서 인식된다. 사실 모어(G. E. Moore)가 감각소여의 상과 관련하여 지적하는 문제는, 즉 "우리가 경험하는 감각적 존재자와 경험 그 자체의 사실"간의 혼란은 거의 극복될 수 없는 것으로 여겨진다. 그러나 모어의 실재론적 구분 - 그리고 어떤 철저한 경험주의자 - 은 "신경조직의 조건에 의존하여 감성적으로 주어진 우리의 경험은, 감성적으로 경험된 존재가 항상 그와 같이 의존하는 것을 엄밀하게 보여주지 못한다는 사실"을 믿도록 이끈다.

다른 한편으로 실재론적 탐구에도 불구하고 러셀(Bertrand Russell)은 감각소여가 그 존재를 위해 어떤 정신적인 것에 의존하지 않는다는 것을 인정하는 것을 우리는 볼 수 있고, 넓은 의미에서 감각소여는 단지 인간의 신경조직에 의거하여 존재하는 한, 이미 "주관적"이다. 그리고 이러한 주관주의의 흔적에 직면하여 러셀은 결국 물리적 대상이 존재하지 않는다고 주장하였고, 결국 일련의 감각소여와 그와 같은 것이 우리의 신경조직에 의존하는 것으로 간주될 수 없다. 감각소여를 넘어서 그리고 그 위에서 "감각영역"(sensibilia)에 대한 러셀의 견해는 감각소여의 이념에 포함된 내적 모호성을 지적한다.

다소 복잡한 감각소여의 상을 정의하려는 모든 시도는, 심지어 경험적 명증에 의해 세계의 경험적-실재적 해명은 그것이 있다고 주장하는 주관적 요소로부터 그와 같이 자유로울 수 없다는 이치를 지적하려고 한다. 그래서 현상학은 왜 결점이 있는가? - 최소한 이러한 근거에서 -. 그에 반하여 현상학이 존재성(existentiality)의 요소를 보류하는 한, 더욱 철저한 명증적 진리가 있다고 한다. 결국 현상학의 분석은 사실에 의해서 이루어지는 것이 아니라 비사실적 본질에 의해서 이루어진다. 현상이나 본질은 의심할 여지 없이 '의미된' 것이다 - 그리고 그와 같이 존재하는 것은 주관적 의미와 관계된 것이다. 그러나 현상이나 본질을 "의미된" 것이라고 하는 것은 그것의 '주관적' 존재를 내포하지 않는다. 그것이 의미의 규칙에 근거하는 한, '객관적'이라고 일컫는 편이 낫다. 그와 같은 의미는 독단적인 것이나 우리가 단순히 대상으로 있다고 원하는 것과는 아주 다른 것이다. 왜냐하면 전자는 대상성의 보편적 선조건과 본질적인 관계를 지니기 때문이다.

VI

현상학에 있어서 주관주의에 관한 논쟁적 문제인 존재를 그와 같이 다루는 한, 우리는 어떻게 주관성이 현상학적 철학 - 후자에서 그러한 원리의 역할 - 에서 이해되고 있는 가에 관한 실증적 문제가 이제 더욱 우리에게 드러날 수 있다. 앞 절에서 우리는 어떻게 인식과 대상의 현상학적 해명이 경험적-심리적 의미에서 주관주의를 수반하지 않는 가를 논의하였다. 그것이 함유하는 주관의 관계성의 대부분은 특수한 결점을 지닌 주관주의의 책임을 요구하지 않는다. 다른 한편으로 주관성이 언어분석이나 사용에 의하여 환원될 수 있는 것으로 다루어져서는 안된다. 왜냐하면 주관성은 현상학적 방법과 간취의 모든 본성을 이끌 수 있기 때문이다.(제 2 장 참조).

따라서 주관성의 현상학적 원리의 탐구에 있어서 그 출발점은 소위 경험적 주관성과 선험적 주관성의 구분에 의하여 잘 제시될 수 있다. 선험적 주관성의 개념은 분명히 직접적으로 칸트의 개념을 후설이 받아들인 것이다. 그러나 실증적으로 그것을 다른 방식으로 특징지우면, 그것에 대한 정의는 그것이 비경험적(더구나 초경험적)이라는 것이다. 왜냐하면 경험적인 무엇이든지, 즉 경험적 사실은 현상학적 환원이나 단절의 과정에 따라야 하기 때문이다. 그러나 그와 같이 언급된 선험적 주관성은 모든 현상학적 단절을 유지하고 드러나는 유일한 원리이다; 후설이 언급하는 바와 같이 선험적 주관성은 환원에 의해 파악할 수 없는 무엇으로 존재한다.

그것은 주관성(만일 우리가 어떤 다른 명목적 표현nominal expression의 요구에서 그것을 그와 같이 명명할 때)이 전제될 때만 그렇고, 모든 인식작용에서 그와 같이 불가피하게 전제될 때만 그렇다. 주관성은 의식작용 자체에서 그와 같이 주어지는 것이 아니다. 그럼에도 불구하고 주관성은 그와 같은 작용이나 상황의 가능성에 대한 전제이다. 그러므로 주관성을 특징지우는 최상의 방식은 주관성을 "선험적"(칸트를 따라)이라고 부르는 편이 낫다. 왜냐하면 그것은 오직 인식과 경험에 의해서 단지 그것의 전제적이고 기능적인 상을 지니기 때문이다.

그러나 여기서 우리는 아마도 그 자체의 내용을 지니지 않는 단지 '명목적' 구성으로서 언급한 비경험적 주관성을 다루는 것이 가능할 것이다. 그것은 흄의 연합론(associationism)에서 드러나고, 라일(Ryle)의 분석적 신행위주의(neo-behaviorism)에서 드러나고 그리고 경험주의자들은 "색인용어"(index term) - 소위 자아-대상에 관한 "체계적인 몰이해"(라일의 "마음의 개념"에 있어서) 자체 속에 가리어진 가상의 개념 - 로서 실재적으로 주관성을 다루려고 한다. 그러나 현상학자의 문제 접근은 완전히 다를 수 있다. 현상학자에 있어서 현상학적 분석내용은 단지 "의식 자체의 주관적 삶"과 관계된 것으로서만 그것의 존재(즉 본질방식)를 지닌다.

이러한 "의식의 주관적 삶"은 '순화된' - 현실적인 사실세계로부터 "단절됨"으로써 순화된 - 경험영역을 드러낸다. 그와 같이 상술한 영역 - 비사실적 영역, 사실 '이념적' 영역 - 은 심리학적 영역이나 정신적 사태의 복합과 같은 것이 아니다. 사실 후설은 "의식"이라는 용어가 주관성을 의미하는 것으로 확정하고, 심지어 "순수의식"이라는 표현을 현상학적 주관성의 의미를 분명하게 하기 위해 사용한다. 따라서 "선험적"이란 또한 "그것이 의식이다는 특성"으로 정의되고 있다.[10]

그러나 "의식"이라는 용어는 그것에 의해 완전한 원리라는 주장을 필연적으로 이끄는 것으로 여겨지는 것을 거의 부인할 수 없다. 의식은 정신적 실체에 관한 "데카르트적 신비"를 추적해 들어가는 것을 의미하는가? 실체적으로 정립되거나 않거나 간에 의식

---

10) Husserl's Article in "Phenomenology" in *Encyclopaedial Britannica*(14th Ed.).

의 전체적 상에 관한 후설의 내용은 아주 분명한 것으로 여겨진다. 그가 진술하는 순수의식은 모든 존재가 '후험적인'(aposteriori) 것과 관계되는 절대적 선험성을 지닌다.11) 사실 이러한 "절대적 선험성" 자체를 더욱 정의하는 것은 엄밀한 현상학자가 지니는 과제이다. 양자는 한편으로 절대적 용어로서 현실적으로 정의되고, 즉 절대적 용어로서 실재적으로 정립된다; 그러나 그것은 분명히 비현상학적인 접근이다. 또한 다른 한편으로 현상학적 반성의 한계를 유지함으로써 우리는 후설 자신이 권고하는 엄밀한 "기능적" 관점을 받아들일 수 있다.12) 현상학적으로 인정되는 기능적 관점의 선택에 따른 그러한 선호는 "현상학적 잔여"(phenomenological residuum)로서 전형적인 의식의 비구속적 정의를 위하여 더욱 나간다. 왜냐하면 결국 후설에 의하면 "의식의 모든 정초적 유형과 의식에 본질적으로 속하는 변경, 연합, 종합"이 어떻게 "기능적 문제"와 관계되는가는 그것의 "형상적 일반성과 현상학적 순수성"13)에서 체계적으로 탐구되기 때문이다.

그러나 이러한 단계에서 단언되는 "선험적 주관성"이나 의식(의식이라는 개념은 존재론적 상에 있어서 분명히 보다 더 암시적으로 존재하는 것)의 존재론적 상의 문제가 당연히 발생될 수 있다. 현상학에 있어서 존재론적 구속에 관한 일반적 문제의 맥락에서 결정적으로 유지되는 문제를 제거함으로써 어떤 통찰이 여기서 제공될 수 있다.(제 6 장 참조).

---

11) *Ideen*; Vol. Ⅲ. Sec. 12.
12) "The viewpoint of Function is the Central viewpoint of Phenomenology", *Ideas*, Vol. I, p. 252(trans. B. Gibson) 참조.
13) *Ibid.*, p. 253 참조.

1) 현상학적 분석에 있어서 대상은 소박한 존재가 아니라 주관에 의해서 '의미된' 것이다. 다시 말하면 대상존재(Gegenstandsein)는 "지향적 상관체"(intentional correlate)이다.

2) 그러나 "지향적 상관체"로서 존재하는 것은 그것을 유효하게 지니는 것 속에서 어떤 체계를 요구한다; 그리고 그와 같은 체계는 주관성에 의하여 "성취된다"(즉 구성된다). 왜냐하면 지향성은 "공허한" 의식으로부터 "충실한" 의식에로의 역동적인 변경을 의미하는 기능성 - "성취하는 기능성"(Leistung) - 이기 때문이다.

3) 결과적으로 선험적 의식에로의 현상학적 환원에 의하여 대상성의 영역은 선험적 의식의 작용하는 기능성으로서 드러나는 것이다. 그리고 대상성의 영역은 이미 언급한 "작용하는 주관성"(leistende Subjektivität)을 인정하기 위하여 필요한 것이다 - 우리는 "세계구성"(weltkonstituierend)으로서 대상성을 현상학적 해명의 경향에 따라 궁극적으로 인식하는 것이다.

특히 궁극적인 점으로부터 주관성의 원리가 모든 세계의미의 근거로서 받아들여진다면, 그와 마찬가지로 그러한 모든 존재의미(Seinssinn)의 궁극적 선조건으로서 받아들여진다면, 그와 같은 원리는 비조건적인 '실재적' 용어로 정립되도록 당연히 요구되는 것으로 여겨진다. 사실 후설은 의식의 정초적 원리 - 특히 "순수자아"의 형식에서 - 의 실존적 언설(existential assertion)에로 나가는 경향이 있다. 그러나 이 원리의 개념에 대해서 처럼 그것의 엄밀한 본성과 상은 특수한 탐구를 요구하는 것으로 여겨진다. (제 5 장 참조). 왜냐하면 문제는, 엄밀히 말하면 의식의 현상학적 해명에서 흔히 발생하는 문제는 자아론적 개념, 즉 순수자아

(ego)나 "자아"(I)를 필연적으로 수반하는 의식의 관점에 대해 어떤 여지를 남겨놓기 때문이다.

다음 장으로 자아에 관계하는 의식의 문제를 넘기고 우리는 주관성의 정초적 원리의 인식이라는 후설의 지속적인 지적에 관계하여 주관성에 관한 현상학적 입장을 결론적으로 정리하고자 한다. 형이상학적 실재성이든지 그렇지 않든지 간에 의식의 '자율적'상은 그것의 전체적 특성 자체로부터 드러난다. "선험적인" 것은 모든 경험적 복합과 관계된 주관성이나 의식에 대하여 최소한 가능한 자율성을 포함하고, 모든 경험적 복합에서 그것은 경험적으로 존재하는 것 자체를 지니지 않고 관계하는 것이다. 궁극적 분석에서 후설은 지적으로 다룰 수 없는 의식에 관한 어떤 것이 있다고 인정한다. 그리고 그는 "순수자아와 순수의식은 모든 방관자 중의 방관자이다"[14]고 확고하게 주장한다.

의식에 대해 그와 같은 신비의 인정은 현상학에 있어서의 불가지론적 부정주의(agnostic negativism)의 태도를 진술하려고 아직 받아들일 필요는 없다. 그에 반하여 후설은 의식이 심리적인 복합에 대한 단순한 표제적 명명으로서 다루어질 수 있다는 것을 쉽게 인정하지 않는다. 부정적으로 숙고하면 의식은 명목적, 개념적 구성으로서 받아들여질 수 없고 또한 파생적 개념으로서 받아들여질 수 없다; 왜냐하면 선험적 주관성은 구성의 산출로서 드러나지 않기 때문이다. 그러나 후설은 "선험적 주관성이 철저하게 의식이고, 모든 이성과 비이성, 모든 옳음과 그름, 모든 실재성과 가상, 모든 가치와 무가치, 모든 행위와 비행위의 근원이다"[15]고

---

14) *Ideen* Ⅲ. Sec, 12; 이 책의 제 8 장 3절, 4절 참조.

주장함에 있어서 분명히 실증적인 태도를 취한다. 선험적 주관성의 정초적인 전제적 특성의 관점을 받아들임으로써 그리고 동시에 현상학의 전형적인 비구속적 태도를 지님으로써 결국 선험적 주관성은 "직접적인 경험의 절대적으로 자체 실재하는 자율성"16)으로 기술될 수 있다.

---

15) *Ideas*, Vol. I, p. 251.
16) *Ideen* Ⅲ, Nachwort, p. 141.

제 5 장

인격과 주관성의 개념[1]

주관성에 관한 현상학적 입장을 반성함으로써 - 앞 장에서와 마찬가지로 - 두 문제가 특수하게 엄밀함을 지니고 드러나고 그리고 명료화를 요구한다. 문제는 의식의 존재론적 상의 가능한 궁극적 특성에 관한 것이다 - 어떤 문제는 우리가 현상학에 있어서 존재론적 구속에 관해 보다 일반적인 것을 다룰 때까지 미뤄 두어야 한다.(제 7 장 참조). 이미 앞 장에서 지적한 바와 같이 다른 문제는 인격체라는 현실적인 인간적 주관(actual human subject)과 선험적 주관성의 원리를 동일화하는 - 더구나 관계지우는 - 문제에 관계한다. 더구나 인격체인 현실적인 인간적 주관의 경우에 순수의식의 현상학적 견해가 필연적으로 "자아론적" 특성으로 가정되어야 할 것인지 또는 결국 비자아론적 특성으로 남아야 할 것인지가 결정되어질 것이다. 궁극적으로 받아들여야만 하는 선택은 그와 같이 언급된 "선험적 자아"와 일상적으로 이해된 사실적 자아(factual Ich, ego)간의 관계는 어떤 경우에서 보여질 것인가. 그러나 그것은 사실로서 받아들여진 자아의 현상학적 분석과 기

---

[1] 이 글은 저자의 글 "Der Beriff der Person in der Phänomenologie Husserls", pub. in *Zeitschrift für philosophische Forschung*, October, 1964를 다시 실은 것이다.

술을 수반한다. 그러므로 우리는 현상학적 노선에서 '인격' - 인간적 자아(Human I)의 사실성을 나타내는 개념, 개별적 자아의 이성적인 자기의식, 동시에 목적적으로 작용하는 자아 - 의 본성에 관한 탐구에 이르게 된다.

I. 인격의 현상학의 가능성

인격개념은 후설 현상학의 노선에서 의심스러운 것으로 드러난다. 또한 모든 사실과 대상에 관계함으로써 인격의 사실성은 현상학적 태도에서 "현상"(즉 의식에 대한 대상의 본질적 의미, 체계적으로 "중립화함"neutralizing으로서 획득된 존재라는 대상의 사실적 특성)으로서 다루어지는 것이다. 그러나 다른 대상이나 사실과 다른 인격성(personality)은 주관의 원리와 특별하게 분리할 수 없는 관계를 지닌다 - 원본적 반성에서 명증적일 수 있는 무엇이든지 관계의 정확한 본성에 관심을 지닌다. 다시 주관성은 현상학적 분석에서 결정적인 의미를 지닌다. 결국 하나의 역설이 다음과 같이 간략하게 발생한다: 인격은 현상학적 탐구에 대한 대상이며, 동시에 현상학적 탐구의 전제이다.

그러나 일차적으로 다음과 같은 문제가 발생한다: 문제는 인격성의 현상학이 가능할 수 있는 가라는 것이다. 현상학적으로 보면 모든 "초월적인" 것은, 즉 의식의 내재적 명증을 넘어선 모든 것은 괄호쳐져야 하는 것이다. 또한 이와 같은 경우에 "괄호침"은 인격(그리고 인격적 삶)이라는 사실을 포함하는 것이다. 정신과학으로서 심리학은 동일한 근거에서 현상학의 영역으로부터 배제되는 것이다. 이미 후설은 어떤 의미에서 인격성과 정신성(mentality)의 사실이 내재적 소여성에서 발생한다고 한다. 따라서 후설의 견해에 따르면, "… 그것은 인간, 인격성의 현상학이고 인격적 특성(인간적) 의식의 흐름의 현상학이다."[2]

인격성의 현상학적 해명은 어떠한 경우에도 실재적 존재의 차원에 속하지 않는다 - 또한 하이데거(Heidegger)가 표현한 것처럼 "현존재의 존재(Sein des Daseins)에 관한 문제의 차원"[3]에 속하지 않는다. 후설은 막스 쉘러(Max Scheler)가 "인격존재"에 관한 문제를 제기하지 '않는' 것에 동의한다. 쉘러에 의하면 인격은 사물이나 실체로 보여질 수 없다; 인격은 "직접적인 내적 체험의 '통일'을 느끼는 것"이다. 따라서 인격은 직접적으로 경험된 것의 배후에 그리고 그 측면에 존재하는 것으로 생각할 수 있는 어떤 것이 아니다.[4]

인격성의 실재적 국면은 분명히 현상학적 탐구영역 속에 이를 수 없는 것이다. 심지어 사상과 대상과 관련하여 일반적인 범주로서 언급되는 실체성(sustantiality)은 ·현상학적 해명의 맥락에서 인격을 부인할 수 없다. 인격성의 해명에서 받아들여져야 하는 모든 것은 '통일'의 원리이다 - 유사한 방식에서 통일의 원리는 특징을 지닌 기체라는 방식과 유사하게 각각의 심리학적 속성에 대한 기체로서 제공될 수 있다. 그러나 이러한 통일은 본래적 사물과 명증적으로 다르다 - 그것은 본질적으로 각각의 방식에서

---

2) *Ideen* I, p. 142.
3) M. Heidegger, *Sein und Zeit*, p. 47.
4) Scheler, *Der Formalismus in der Ethik und die materiale Wertethik*, p. 382.

구성된다(그것은 "영역적 구성"regional constitution의 관점으로 제기되는 것, 이하를 참조). 왜냐하면 앞에서 언급한 통일은 "체험류"(Strom des Erlebnisses)의 맥락에서 본질적으로 이해되는 것이기 때문이다. 후설이 언급한 것처럼 인격은 "동일성의 통일 극, 인격적 기체와 같은 것"이다; 그러나 그 모든 것은 체험류와 관계된다.5)

다시 인격이 포함하는 모든 사실들은 물리적인 사물과 구분된다. 자아(I)가 속성의 기체로서 이해될 수 있는 방식, 자아에 속하며 전제되는 방식은 사물이 상황과 속성의 기체로서 경험되는 것과 아주 다른 것이다. 왜냐하면 사물은 그것의 자연적 인과관계를 지닌 속성의 기체로서 보여질 수 있기 때문이다. 다른 한편으로 인격의 통일은 그 자신의 "시간적 삶"(zeitliches Leben)에 의해 이해될 수 있는 것이다.

이러한 통일을 더욱 탐구함에 있어서 후설은 이중적 극 - 한편으로 자아 극과 다른 한편으로 반대 극(Gegenpol)으로서 대상 - 을 언급한다. 각각의 극은 그 자체 통일성의 유형을 지닌다. 그러므로 자아는 동일한 "의식류"의 모든 작용에서 기능의 동일 주관이다; 말하자면 자아는 "유출의 핵"(Ausstrahlungszentrum)이다. 또한 이러한 대상의 통일은 어떤 의미에서 지시작용의 맥락에서 이해되는 것이다. 지시관계의 모든 작용이 동일화하는 주관에서 통일될 때, 그것은 지시대상에서 그런 것이 아니고 또한 지시된 대상에서 그런 것이 아니다; 후자에서 오직 그와 같은 작용은 자기 동일적 대상 "의 의식"으로서 보여질 수 있는 것을 통일한 것이다.6)

---

5) Husserl, *Manuskript* A VI 15 참조.

II. 자연적인 것과 인격적인 것

정신적인 인격적 세계의 구성은 후설에 의하여 물리적 구성과 일반적으로 구분된다.[7] 그러므로 자연은 후설에 의하여 "소박한 사상의 영역"(eine Sphäre blosser Sachen), 대상성의 영역으로서 정의되고 있다.[8] 모든 가치술어와 실재적 술어로부터 분리된 모든 자연은 그와 같은 "이론적 관심"영역을 제시한다. 그리고 사상이 보여지는 이러한 태도는 모든 지시관계로부터 인간적 가치와 무가치에서 추상을 의미하고, 단지 그것의 시간공간적인 물리적 특성에서만 사상의 탐구를 인정한다.

그래서 사실과 경험의 해명에 있어서 이중적 태도 - 즉 자연적 태도와 인격적 태도 - 의 구분은 각각의 자연과 정신(넓은 의미에서 받아들여진)이라는 두 세계에 상관관계를 지니는 관점을 이끈다. 전자는 사회이론과 마찬가지로 인격성이나 자아론에 따르는 인격(즉 인격적 자아)과 '인격적' 세계라는 자아에 관계한다. 그리고 후자는 과학적 정신이론(Seelenlehre)에 관계한다. 따라서 후설은 "인격적 학"(personale Wissenschaft)으로서 도덕학이나 정신과학을 언급하는데, 이러한 인격적 학은 그러한 인격, 즉 인격체의 인격적 삶에 대한 이론적 관심이 증가함에 따라 발전한 것이다.[9] 그와 같은 태도는 후설이 "인격주의적"이라고 일컫는 것

---

6) *Ideen*, II §25 참조.
7) 여기서 지시관계는 선험적 현상학에서 "영역적 구성"의 유형적 문제, 즉 체계적 경험대상의 "영역"이나 집합에 의한 의미의 근원적 형성을 지니고, 그것의 통일을 지닌다.(제 6 장 3절, 4절 참조).
8) *Ibid.*, §11.

이고 또한 인간적 자아(즉 나I), 인격에 지향된 "정신과학"(정신과학 - 딜타이에 의하여 이끌려진 것으로서 "자연과학"과의 구분에서 후설이 정신과학의 개념을 받아들인다)에 속하는 것이고, 그 세계(다시 말하면 정신적 세계)는 인격에 의해 영향을 받는 것이다.10)

자연과학이 외적 인과성에 의해 설명될 때, 정신과학이나 도덕학은 인과성의 유일한 유형, 즉 "지향적" 유형에 호소한다. 후자의 맥락에서 지시관계의 주관적 작용에 놓여 있는 의식의 정초적 구조가 숙고되는 것이다. 이러한 지시성에서 현상학은 오직 의식에 주어진 내재적 대상성을 해명하려고 한다. 따라서 물리적인 사건의 자연적-기계적 해명 대신, 인격주의적 탐구영역에서 이끌려지는 현상은 주관성에 필연적으로 관계하는 세계에 의하여 내재적 대상성을 '통하여' 숙고되는 것이다. 그래서 마음은 신체라는 매개를 통한 지향성에 의하여 주변세계에 관여하고 또한 그와 같이 존재하는 세계에 의하여 영향을 받는다; 신체적 작용을 통하여 '주관적으로' 사물을 다룬다. 이러한 경우에 있어서 마음은 상술한 모든 '인격적' 현상에 근거하는 - 인격적 특성의 속성, 인격적 습득 등에 따르는 - 원리로서 탐구되는 것이다. 그와 같이 마음은 정신적 자아(mental ego)로부터 분명하게 구분되는 것이고, 정신적 자아는 자연의 일부이고, 그것의 외연에서 심리학이라는 자연과학의 주제를 구성한다. 결과적으로 자아의 두 국면은 분명하게 구분되는 것이다. 정신적 자아는 자연의 일부이고, '인

---

9) Beilage XIII, *Phänomenologische Psychologie*, Husserilana IX 참조.
10) Husserl, Ms, A V 7 참조.

격체'로서 나는 내가 속한 사회적-정신적 세계의 구성원이다.

자연적 자아(natural I)와 인격적 자아(personal I)의 이러한 구분을 추구함으로써 후설은 자연적 국면과 인격적 국면이라는 이중적 국면에서 자아구성으로서 현상학적 탐구의 가능한 각 단계를 더욱 이끈다.11)

a) 마음은 심지어 순수한 자연주의적 태도에 대한 전제이다. 자연과학의 관점에서 마음은 "그 자체로 아무것도 아닌 것"이다; 마음은 신체의 실재적 사건의 소박한 층을 더욱 지시한다. 분명히 말하면 마음은 신체에 혼을 불어넣고, 혼이 부여된 신체는 시공간적 세계 내에 있는 자연적 대상이다.

b) 정신의 정위(Localisation) : 마음은 신체를 지닌다. 그리고 그 순간에 신체가 거기에 있다. 따라서 마음에 관계하는 의식상태는 그와 같은 정위를 지닌다.

c) 정신적인 것의 "시간화"(Temporalisation) : 순수의식은 동시에 그 자체의 "시간영역" - "현상학적 시간"영역은 객관적 시간영역이 아니다 - 이다. 물론 객관적 시간 - 물리적 과정에서 그 자체가 드러나는 시간 - 은 어떤 점에서 체험류의 내재적 시간과 일치하여 발생한다. 결과적으로 의식상태는 측정할 수 있는 물리적 자연의 시간구조에 그 자체가 맞추어져서 드러난다. 그러한 의미에서 마음의 "시간화"는 그것의 정위와 관련되는 것이다.

현상학적 탐구에 있어서 이러한 반성방법에 따르면, 우리는 "자연주의적"(naturalistisch) 태도라고 일컬어지는 것과 "자연적"(natürlich) 태도라고 일컫는 것을 보다더 잘 구분하게 된다. 자연

---

11) *Ideen* Ⅱ, §49 참조.

주의적 태도는 인간에 관계하고 그리고 자연에 속하는 인간의 마음에 관계한다; 자연적 태도는 앞에서 언급한 도덕학이라는 "인격주의적" 태도를 나타낸다 - 이러한 태도는 "인위적" 태도와 대립된 "자연적" 태도로서 특징지워지는 것이다. 인간적 마음이 자아의 입장을 받아들이는 한, 그것은 물리적 현출을 지닌 신체의 자연주의적 경험에서 전이된 것이고, 따라서 자연적 태도의 정위적 특성과 시간적 특성을 추정한다. 그러한 외연에서 나에게 관계된 상황은 물리적인(실체적인, 인과적인) 실재적 복합에 속한다.

  나(I)의 이러한 입장으로부터 분리된 마음은 인간이 그에 따라 존재에 대한 관계를 이해하게 되고, 그의 주변의 실재적 환경을 이해하는 것을 통하여 그와 같은 작용 자체를 더욱 지닌다. 그러나 자연주의적 태도에서 자연의 객관적인 물리적 전체성 - '그것으로부터' 드러남으로써 - 은 상술한 작용관계로부터 추상에 의하여 탐구되어지는 것이다. 결과적으로 우리 자신과 모든 생명을 지닌 존재는 심리-물리적 대상이 되고, 그와 같은 것은 상대적인 자연과학에 관한 주제를 제공할 수 있다. 그에 반하여 인격주의적 태도는 우리 인간존재가 다양한 태도에서 또 하나의 태도를 지니고 살아가는 것이며, 또 하나의 태도에 관계하는 것을 함유한다. 따라서 '인격체'로서 살아가는 것은 인격체로서 우리 자신을 정립하는 것이고, 주변세계(Umwelt)와의 의식적인 관계에서 우리 자신을 정위하는 것이다.

  자연주의적 용어로 말하면, 모든 의식은 '신체적' 방식에서, 신체적 맥락에서 기능한다. 자연주의적 방식에서 이러한 작능상황을 이해함으로써 인격성과 관련된 모든 사실은 물리적 자연의 영역 또한 더구나 심리-물리적 자연의 영역에 속하는 '자연적' 소여로서 드러날 수 있다. 그와 마찬가지로 인격적 소여는 단지 자연적-심리학적 소여의 일부를 형성한다. 따라서 후설이 지적한 것처럼 "자연적 관점으로부터 모든 인격적인 것은 어떤 것에 종속된다."12) 그러나 이러한 두 관점은 동등한 것으로서, 동일한 층으로서 받아들여질 수 없음이 분명하게 드러난다. 사실 인격주의적 태도가 자연주의적 태도를 넘어서 앞서 주어진 것인 한, 인격주의적 태도는 우리가 우리 자신을 인식하게 되고, 우리 주변세계를 인식하게 되는 자연적인 구체적 방식을 특징지운다.13)

III. 자아의 원리

후설이 지적한 것처럼 모든 인격적 세계가 중심이라는 원리는 자아 - "고유한 의미에서 일반적 자아" - 의 원리이다.14) 그와 같은 자아가 필연적으로 능동적 자아로서 인식되는 한, 그것은 "태도를 취하는"(Stellungnehmende) 자아이다. 또한 자아는 사물들로부터 자극을 수용하고, 그리고 그것들에 반작용하기 때문에, 수동적인 면도 지닌다. 그러나 이러한 "수동적 자아"(passive I) - "능동적 자아"(active I)와 유사하게 - 도 근원적 의미에서 주관적이

---

12) *Ideen* II, p. 185.
13) L. Landgrebe, "Seinregionen und regionale Ontologien in Husserls Phänomenologie", *Studium Generale*, Juli 1956, p. 320.
14) *Ideen* II, p. 213.

다. 다시 말하면 태도를 취함은 수동적 맥락이나 계기와 마찬가지로 능동적 맥락이나 계기를 지닌다; 그러나 양자의 경우에 있어서 "자아"는 지시관계의 주관 - 더구나 지향성의 주관 - 으로서 유지된다. 궁극적 분석에서 주관은 본질적으로 지향성의 주관이고, 그와 같은 주관은 후설의 표현을 사용하면 "주관적 소유"(subjektive Habe)영역 속에 주어진 것과 분명하게 구분되어야 한다 - 다시 말하면 주관적 소유는 주관적 존재, 즉 "주관에 대한 존재"(Sein für das Subjekt)를 의미한다.

그래서 자아의 지향성은 주변세계 - 경험되는 사상과 존재 - 에 대한 '사유'(cogito)와 관계되는 것이다. 주관은 대상에 대한 지시관계나 관계를 지니고 그리고 대상은 다시 주관을 촉발한다. 주관은 대상에 능동적 관계나 수동적 관계를 지닐 수 있고, 대상은 주관에 '노에마적으로' 드러나는 것이고, 즉 지시관계의 극으로서 드러나는 것이다. 따라서 지향성의 인격적 주관에 대한 관계에서 환경세계의 대상은 그것에 '대한' 대상으로서 기능한다. 물론 이러한 관계 자체는 실재적 관계가 아니라 지향적 관계이다. 대상의 측면에서 보면, 노에마적 대상은 주관을 '동기자우는' 것을 의미하고, 말하자면 현전된 대상에서 그 자체가 합치하는 것을 의미한다. 지향성의 개념에 상응하여 대상으로부터 주관에로 이행하는 결과는 후설에 의해 "동기지움"이라고 일컬어지는 것이다.

그러므로 인과성이 자연적-물리적 세계에서 작용하는 것과 같이 "동기지움"(motivation)의 법칙은 인격적-정신적 세계에서 작용한다. 다시 일반적인 정신적 삶을 근거지우는 기능적 원리로서 동기지움은 다른 관점 - 이성의 동기지움, 동기지움의 연합, 노에시스적 측면에 대한 동기지움과 노에마적 측면에 대한 동기지움과 같이 - 에서 보여질 수 있다. 이성규범의 맥락에 동기지움이 존재하고, 정신적 연합과 습득의 맥락에 동기지움이 존재하고 또한 노에시스적 국면과 노에마적 국면의 사상 구성이라는 의식구조에 동기지움이 존재한다. 따라서 동기지움은 어떤 경우에서는 자연적 인과성과 분명히 구분되는 것이다. 후설은 다음과 같이 진술한다: "동기지움의 '…… 때문에 그러므로 ……'(Weil-so)는 자연적 의미의 인과성과 아주 다른 의미를 지닌다."15) 더구나 동기지움의 통일은 "직면하는 작용에서 그 자체가 근거하는 관계"에 대한 관계를 드러낼 수 있다. 그리고 이러한 맥락에서만 '인격적'(자연적이 아닌) 세계의 인과성과 그것의 관계성이 해명될 수 있다.

이러한 관계에서 앞에서 언급한 동기지움은 심지어 개별적인 것과 같은 현실적 영역을 넘어서 확대된다고 지적할 수 있다. 왜냐하면 타인격체의 의식에로의 "감정이입"(Einführung)은 우리에게 타마음의 작용영역 속에서 동기지움의 현전을 이해할 수 있도록 하기 때문이다. 타인격("타자아"alter ego)은 그것의 작용에서 그 자체에 관계하는 인격과 사상이라는 주변세계의 유사 주관으로서 나 자신의 "자아"에 의해 유비적으로 이해되는 것이다. 그리고 타인격은 또한 그것을 심연에 빠뜨리는 주변세계에 의하여 '결정된다'; 그러므로 타인격도 "동기지움의 법칙"에 유사하게 종속하는 것이다.16) [데카르트적 성찰]에서 후설은 타인격의 경험이라는 현상학

---

15) *Ibid.*, p. 229.
16) *Ibid.*

적 명증이론을 발전시켰다. 그와 같은 명증은 단지 타경험에 관한 일종의 성찰적 지향성인 유비적 통각(analogical apperception) - 후설이 그것을 표현하는 것처럼 "간접현시"(Appräsentation) - 을 통하여 획득되는 것이다.

IV. 인격의 현상학적 분석

현상학적 접근으로부터 인격성의 문제에로 나가는 두 출발점은 다음과 같이 진술될 수 있다.

A. 인격성이라는 현상의 분석 - 인격의 영역적 구성 :

후설이 엄밀하게 현상학적 견지를 유지하고 나아갈 때, 그는 인격의 존재양태에 관한 형이상학적 문제에 봉착하지 않고, 실체로서 인격을 정립하지도 않는다. 현상학자가 원본적으로 관심을 지니는 것은 '현상'으로서의 인격이고, 이러한 인격은 순수의식의 영역 속에서 내재적으로 현출하는 것이다. 현상학적 질서에서 인격의 현상은 마음이나 정신(Geist)의 "영역"에 속한다.[17]

앞의 예에서 인격이 있다는 것은 우리의 주변세계의 주관이 있다는 것을 의미한다. 내가 인격체인 한 - 그리고 그것은 물론 모든 타인격체에 적용된다 - 나는 나의 주변세계와 분리될 수 없다. 그러므로 각각의 인격체에 속하는 그의 세계와 여러 소통하는 인격체가 동시에 일상적 세계를 지닌다. 이러한 우리의 주변세계는

---

17) 현상학적으로 구성된 영역의 의미에 있어서 "영역"은 경험의 차별적 영역에 속한다.(이하 제 6 장 3절 참조).

인격적 자아가 의식하는 세계이고, 각각의 의식양태와 관련되어 있는 세계이다. 인격체는 표상, 감각 등과 같은 모든 인격적 작용 속에서 어떤 것, 즉 세계 내의 대상과 관계한다. 일반적으로 언급하면, 이러한 나의 주변세계는 그 자체의 세계가 아니라 경험에 지향적으로 주어진 "자아에 대한" 세계 - 나에 의하여 주제가 된 그리고 경험된 나의 주변세계 - 이다. 이러한 의미에서 우리의 주변세계는 결코 절대적으로 고정된 것이 아니고, 어떤 의미에서 언젠가 되어지는 것이다.[18]

여기서 다시 앞에서 언급한 동기지움의 관계가 전면에 등장한다. 그러한 점에서 보여지는 심리-물리적 실재성으로서 존재하는 인간들간에 유지되는 현실적인 관계는 인격적 주관이라는 관계로 전환된다. 인격과 사물간의 동기지움의 관계에 의하여 양자는 그 자체의 본성에서 존재하는 것으로 간주될 수 없고, "인격적 의식의 지향적 대상성"으로서 간주되는 것이다. 그러므로 의식에 대한 관계에 있어서 사물의 영향은 인격적 자아에 의하여 결정되는 것이다. 단적으로 말하면 인격체는 주변세계의 중심(Mittelpunkt einer Umwelt)으로서 작용한다.[19] 사물뿐만 아니라 타주관도 주변세계에 포함되어 있다. 따라서 주관은 타주관을 그의 주변의 각각의 세계에 관여하는 인격체로 본다. 인격체가 그의 주변의 일상적인 상호인격적 세계의 맥락에서 숙고될 수 없을 때, 인격체는 이론적으로 다루어지는 것이다 - 그리고 어떤 '사상'으로 다루어지는 것이고, 현실적인 '인격적' 특성을 숙고하는 것이 아니다.

---

18) *Ideen* Ⅱ, §50.
19) *Ibid.*

B. 지향적 작용에 의한 인격의 본질 :

현상학적 인격의 탐구는 반성에서 현전된 인격성의 현상에 관계하고 또한 주관성에서 인격의 본질에 관한 문제에 보다더 깊이 관계한다. 여기서 문제는 주로 지향적 작용의 주체로서 인격의 본질에로 전환하는 것이다. 다른 한편으로 주변세계의 중심으로서 인격체와 인격체의 결합에 관여하는 인격체는 또한 실재적-자연적 차원의 특성을 지닌다. 그래서 생생하게 구현되는 주관은 그의 주변세계에 지시관계를 지니고, 동시에 현실적 삶에 지시관계를 지닌다. 그러나 현상학적 탐구가 이끄는 관심은 주관을 통한 인격의 국면에로 지향하는 것이다; 왜냐하면 현상학은 결국 주관성의 관점으로부터 이루어지는 철학이기 때문이다. 자연적 맥락에 포함된 인격적 실재가 본질적으로 주관적일 때, 궁극적 분석에서 인격의 본질에 관한 문제는 주관과 주관의 기능의 진정한 현상학적 특성에 의하여 결정되는 것이다.

이제 지향적 작용의 맥락에서 현상학자는 주관의 언명을 지니고, 즉 후자는 현상학적으로 관계된 것이다. 대상의 현상학적 해명은 지향성에·의해서 드러나고, 지향성은 다시 선험적 주관성에 근거하는 원리로서 궁극적으로 이해되는 것이다. 그러나 선험적 주관성은 본질적으로 자체-정립하는 주관성이고, 그와 같이 "나는 있다"의 형식을 추정한다. 이러한 "나는 있다"를 후설은 절대적인 것으로서 선험적 주관성에서 드러나는 현상학적 잔여로서 인정하고, 입증한다. 이미 이와 같이 근거하는 자체 정립하는 주관성은 어떤 방식에서 형이상학적인 절대적 의식으로서 보다는 자아의 존재양태에서만 이해되는 것이다.

V. 인격과 선험적 주관성

이러한 단계에서 문제는 다음과 같이 발생될 수 있다: 앞에서 언급한 선험적 주관성과 인격적 자아간의 관계 - 또한 다른 방식으로 그것을 지적하면, 전제된 것으로서 주관과 사실로서 받아들여진 자아간의 관계 - 가 어떻게 드러나는가? 단언되는 선험적 자아는, 현상학적 환원과정의 지시관계의 최종점은 구체적 자아(concrete ego), 실재적 인간(real man)과 어떻게 동일화되는가? - 구체적 자아(실재적 자아)와 마찬가지로 선험적 자아도 일상적 "자아"라는 용어에 의해서 지시되는가? 우리는 선험적 자아와 사실적 자아간의 관계의 문제로 이르기 전에, 선험적 주관과 인격체로서 나 - 일상적 의미에서 내가 이해하는 인격 존재, 개별적인 이성적인 자기의식 - 의 동일성의 문제를 숙고해야만 한다.

우리가 이미 살펴 본 것처럼 현상학적 정의에 따르면, 인격개념은 모든 정립하는 태도의 중심이다. 나 - 특수한 인격적 의미에서 - 는 정립하는 특수한 작용을 수행하는 극으로서 드러나고 또한 영향을 받는 극으로서 드러난다. 이러한 인격적 자아가 정립하는 태도를 지닌 자아일 때, 인격적 세계는 주관이 결정한 결과로서 입증되고, 단순히 거기에 존재하는 것으로서 입증되지 않는다.

이제 문제는 인격적 자아와 선험적 주관 양자가 서로 결정적으로 구분되는 원리가 무엇인가이다. 양자간의 구분은 본질적인 것이 아니고, 더구나 방법적 접근 자체에 있는 것이다. 인격체로서 자아와 그와 같이 동반되는 존재세계에 속하는 자아 그리고 주변세계를 지니는 자아는 본질적인 점에서 선험적 주관성과 같은 자아이다. 그것은 자기 동일적 자체 원리에 대한 두 접근을 분리하는 것과 관련되어 있다. 더욱 나아간 분석에서, 순수한 현상학적 접근에서 자아는 선험적 자아로서, 지시관계의 최종점으로서 그 자체를 확립하고, 의식의 절대적 영역, 모든 존재의미의 근원이라는 것이 입증된다. 그러나 동일한 선험적 자아의 정립이 사실이나 현실성 - 구체적 인간과 그의 주변세계에 의한 정립 - 이라는 관점으로부터 결정되어질 때, 동일한 선험적 자아는 인격의 형식을 전제한다. 그래서 현실적 인격의 측면을 숙고함으로써, 현실적 인격은 정립하는 태도에서 그 자체가 의식적으로 정립되는 한, 말하자면 선험적 주관성의 층을 확대하는 것이다.

반성적 의식이나 선험적 자기의식의 차원에서 세계에 작용하고, 동기지우고 그리고 관계하는 "세속적"(mundane 즉 세계에 포함된) 인격은 상술한 선험적 자아 자체로서 입증된다. 그러나 현실적으로 그것은 한편에서 다른 편에로 변경하는 경우가 아니다. 왜냐하면 양자는 실재적으로 구별되는 실체가 아니기 때문이다. 그러나 세계에 포함된 인격은 비반성적 태도에서 존재할 수 있고, 심지어 그 속에서 그것은 모든 태도정립의 중심을 지니는 것으로 입증된다. 그리고 여기에 인격의 선험적 자아성에 대한 중심이 놓여 있다.

그러므로 인격체로서 나는 나의 경험적 지각의 발전을 일깨우는 반성적 자체 통각이라는 대상으로서 주어지는 것이다. 순수의식 속에서 체험류는 순수자아가 인격적 자아의 오직 통각적 형식을 추정하는 필연적인 과정이다. 물론 문제는 인격적 자아가 오직 자아에 대한 반성이라는 근거에서 자체 구성될 때, 발생될 수 있다. 만일 그렇다면, 그때 자아의 선반성적 상태를 체계지우는 요인은 무엇인가? 그 대답은 "연합"(association) - 비록 그것이 연합주의적 심리학의 층에서 현상학적 정립을 이끌 필요가 없지만 - 의 개념에 의해서 잘 드러날 수 있다.

연합적 맥락으로부터 분리해서 숙고해 보면, 자아는 반성에서, 다른 자아를 지시하는 반성에서 구성되는 것이고, 즉 우리는 경험(연합적 통각을 통한 경험)에 의해 구성되는 것이 아니라 삶 자체에 의해 구성되는 것이다. 근원적인 국면에 있어서 자아는 연합적, 능동적 경험을 통하여 형성된 통일을 현실적으로 지니지 않고, "나의 삶의 주관"을 형식적으로 지닌다 - 그리고 이 주관은 삶을 통하여 발전한다.[20] 그래서 통각의 자기객관화에 대한 주관의 능력에서 보면, 어떤 구분은 주관의 측면에서 "내가 있다는 자아"와 대상으로서 "내가 있다는 자아"간에 그어지는 것이다. 후자는 "자아"로서 존재하는 "내가 있다"는 형식에서 나에 의해 표상되는 것이다. 그와 같은 인격은 자체 의식하는 자아를 구성하는 것이다.

다시 다른 방식에서 보면, 이러한 자아가 본질적 통일을 지시할 때, 후설이 언급하는 것처럼, 그것은 또한 "나는 할 수 있다"는 체계로서 간주될 수 있다. 이러한 능력("나는 할 수 있다"의 능력)은 공허한 것이 아니라 실증적 잠재성이다. 인격적 자아는 본능을 통하여 결정되는 것으로서 그 자체가 근원적으로 구성될 뿐만 아니라 보다 고차적으로, 자율적으로, 자유롭게 능동적으로

---

20) *Ibid.*, p. 252.

그리고 이성의 계기에 의하여 특수하게 이끌려지는 것으로서 그 자체가 근원적으로 구성된다. 나의 "중심적 자아작용" - 이러한 작용주관으로서 인격에 귀환하여 관계하는 이성작용 - 에 의하여 나는 "내가 할 수 있다"는 의식을 현실적으로 지닌다. 후설은 인간적 인격(human person, 용어의 실재적 의미에서)과 이성작용(Vernunftakte)의 주관으로서 인격을 구분하고자 한다. 전자는 우리가 자기지각에서 파악할 수 있는 통각적 단일체로서 이해되어지는 것이고, 타자의 통각적 지각에서 파악하는 통각적 단일체로 이해되어지는 것일 때, 후자는 동기지움, 작용이라는 자유로운 삶의 작인으로서 파악되는 것이다.

게다가 발전된 맥락에서 인격적 자아를 볼 때, '자유로운' 자아, 즉 자유롭게 작용하는 자아의 고차의 층 이외의 자아의 다른 계기도 숙고되어지는 것이다. 앞에서 언급한 "자유롭지 못한 자아"(unfree I)의 특성은 감각의 수동성, 즉 자연적인 질서 등에 근거하는 것이다. 그러므로 정신적 자아 - 자율적 작용주관이라는 특수한 의미에서 - 는 후설이 표현하는 것처럼, 자연적 질서의 "어두운 배경"에 의거하여 그 자체가 드러난다. 여기서 다시 우리는 정신(Geist)과 마음(Seele)이라는 후설의 구분에 이른다. 이성의 태도와 동기지움의 작인으로서 정신은 감성의 저차적 단계 - 심리학의 연합적 층에 상응하는 단계 - 에서 마음에 대하여 드러난다. 여기서 그것은 저차적 감각층인 마음이 태도를 지니는 주관에 의한 층이라는 것을 동시에 지적하는 것이다. 양자는 파괴할 수 없는 경험적 통일을 형성하고, 어떤 태도를 구분함으로써 드러나는 인격적 자아의 통일을 형성한다. 이러한 맥락에서 마음의 정립에 관하여 후설은 "그것은 기능하는 근거로서 인격에 속한다"(Sie gehört zur Person als fundierender Untergrund)21)고 한다.

VI. 통일성의 문제

 더구나 현상학의 순수선험적 자아가 어떻게 인격에 현실적으로 관계될 수 있는가에 관한 문제는 인간적-인격적 실체성에 관한 모든 정립에 대한 탐구를 요구한다. 인격성의 현상학은 후설이 인간적 자아라고 중요하게 언급하는 것에 그 출발점을 지니고 - 일반적 용어로서 자아가 흔히 전달하는 것처럼 -, 인간적 자아는 신체와 마음을 지닌 전(全)인간으로 지시된다. 이러한 구체적 자아의 맥락에서 신체와 마음의 관계에 대해서처럼 숙고될 수 있는 구분은 다음과 같은 두 입장간의 구분이다: "나는 나의 신체 '이다'"와 "나는 나의 신체를 '지닌다'"간의 구분이다. 전자의 명제가 받아들여지지 않을 때, 후자의 명제는 받아들여질 수 있다. 유사하게 우리는 마음에 관하여 가능한 두 명제를 숙고할 수 있다. 즉 "나는 (나의) 마음 '이다'"와 "나는 마음을 '지닌다'"를 숙고할 수 있다. 여기서 다시 전자의 진술이 일상적인 경우에서 분명히 유지될 수 없을 때, 후자의 진술은 일상적인 경우에서 분명히 유지될 수 있다. 신체와 마음은 다시 각기 서로를 포함하는 것과 같은 복합이고, 따라서 인간이라는 통일 - 구체적 자아의 통

---

21) *Ibid.*, p. 280.

일(후설이 '정신'Geist이라고 지칭하는 통일) - 을 형성한다.22) 물론 이러한 통일에서 정신적인 것은 신체적인 것보다 앞서 있고, 그것의 "기관"과 마찬가지로 "정신의 표현"(Ausdruck des Geistes)으로서 존재하는 전자 보다 앞서 있다.

그러나 현실적 자아, 즉 인간이 지닌 자아의 경험적인 심리-물리적 맥락은 지시관계의 중점을 현상학에 제공하지는 않는다. 더구나 "순수자아"라는 주관개념은 현상학적으로 중요한 개념 중의 하나이다. "자아"의 근원적 형식에서 필연적으로 주관을 이해함으로써 후설은 데카르트적 주관개념을 받아들이고, 더욱 확장한다. 따라서 인간적 존재를 문제삼는 모든 공식화는 이러한 자아-형식에서 드러난다. 그리고 이러한 자아개념은, 다시 그것이 실재적인 인간을 포섭하는 한, 배경에서 순수'자아' - 후설이 흔히 "순수정신적 자아"(rein seelisches Ich)로서 표현하는 자아 - 에 상관적으로 귀환하도록 이끈다.23)

물론 상술한 순수자아에 대한 가능한 접근은 신체로부터 추상을 통하여 획득될 수 있는 것과 같은 자기지각에 의존한다. 그래서 그와 같은 체험류에서 추상화됨으로써, 지시됨으로써 전제된 "자아"는 신체적 정위에 의하여 정의될 수 없다. 그것은 지각에서 지각된 내용, 인식에서 인식된 내용, 상상에서 상상된 내용, 논리적 사고에서 사고된 내용, 가치작용에서 가치된 내용, 의지에

---

22) Ideen II, p. 280 참조. 그러므로 후설은 인격적으로 존재하는 것의 전체성을 지시하기 위하여 "정신"(만일 Geist가 그렇게 번역될 수 있다면)이라는 용어를 받아들이고, 그것에서 인격적 삶의 선험적 계기와 마찬가지로 경험적 계기가 통일된다.
23) [이념들 2]에서 후설은 순수자아에 대한 탐구를 더욱 이끈다.(흔히 "순수정신적 자아"에 관련된다. 그러나 경험적인 심리학적 의미에서 "정신적"이 아닌 순수정신적 자아에 관련된다).

서 의지된 내용에 지향하고 있는 의식삶에 근거하는 원리로서 전제된다. 따라서 순수자아는 정신적 삶의 작용 속에서 그리고 그것을 통하여 기능하는 원리로서 인식되어지는 것이다. 그와 같이 만일 모든 것이 이러한 작용과 구분된다면, 순수자아는 추상에 의해서만 존재할 수 있다.(물론 이것은 그러한 순수자아가 명목상의 추상적 개념으로서 받아들여지는 것을 의미하는 것이 아니다. 제 4 장 참조). 사실 우리는 주관성(그리고 상호주관성)이 경험적 주관성(그리고 상호주관성) - 그리고 그와 같은 것으로서 나의 주관과 우리의 주관의 두 층 - 의 배후에 전제적으로 정립된 것이라는 점에로 되돌아 간다.[24]

인간적 자아와 순수자아의 관계를 더욱 명료화함에 있어서, 인간적 자아는 순수자아의 실재적 주변세계의 지속적인 부분을 지닌다고 지적되는 것이다.[25] 또한 순수자아는 인격체인 자아가 그 자체를 구성하는 지향성을 수행한다. 이러한 의미에서 모든 실재적 자아는 "환경"(Umgebung), 말하자면 순수자아의 환경에 속한다; 순수자아가 "인간적 자아"의 형식에서 통각되는 한, 그것은 환경세계의 대상에 대한 인격적 자아 또는 인격을 지닌다.

그러므로 인간과 인간적 인격성에 상관관계를 지니는 순수자아는 그것의 의식류에서 유지된다. 우리는 거기에 있는 것을 지닐 수 있는 것과 마찬가지로 실재적인 내가 지니는 것으로서 순수자아를 지닐 수 있다. 실재적 자아의 측면으로부터 그것은 어

---

24) "'나'와 '우리'는 드러나야 하는 은폐된 '나'와 '우리'를 전제함으로써 파악된다." Husserl, "Phenomenology" in *Encyclopaedia Britannica*.
25) *Ideen* II, §27.

떤 의미에서 통각의 본질적 내용방식에서 순수자아를 지닌다는 것을 유사하게 지닌다.

또 다른 측면으로부터 문제를 보면, 보다 깊은 이율배반이 자아성 자체 - 자아 존재는 비대상과 동시에 대상을 '통해' 주제가 된다 - 에 포함되어 있음이 드러난다. 따라서 반성에서 대상이 되는 "자아"는 그러한 "자아"에서 명증적으로 드러나는 것이며, 그 독특한 능력에서 주관으로서 자아는 그 자체의 대상을 형성하는 어떤 입장을 지닌다. 결과적으로 "자아"와 다른 자아간의 구분이 현상학적으로 이루어지는 것이다.[26]

전형적인 현상학적 방법에서 더욱 구분되는 점을 표현하면, 인격적 "자아"라는 '구성된' 대상성은 구성하는 "나"에게 되돌아가 관련되고, 구성하는 자아는 구성되지 않는 그 자체이다. 인격적 자아가 가능한 무한한 지평관계에서 구성된 지향적 통일로서 현전될 때, 순수자아는 현상학적으로 이해될 수 있는 모든 사유 속에서 무수하게 통일적 자아로서 존재한다. 순수자아는 기능적으로 전제된 것으로서 반성작용에 의해 동시에 이해되는 것이다. 물론 인격적 자아의 각각의 사유작용이 동시에 또한 순수자아의 사유작용인 한, 심지어 어떤 의미에서 순수자아는 인격적 자아에 속한다. 사유의 자기동일적 작용은 두 차별적 층 - 경험적 층과 선험적 층 - 으로부터 언급되어지는 것이다. 반면 순수사유에서 유지되는 것, 최종적 주관성이 지니는 것은 반성을 통하여 대상

---

[26] 이러한 관계에 있어서 지시관계는 막스 쉘러의 차별적 원리를 형성할 것이다. 왜냐하면 세계의 모든 의미에서 그 대상을 지닐 때, 작용은 결코 대상이 될 수 없기 때문이다.(Scheler, *op. cit.*, p. 397 참조).

에로 전환되고, 따라서 인간적 자아와 관련된다 - 다시 말하면 그것은 "인격주의화된" 것이다.27) 요컨데 이 모든 것에서 순수자아나 선험적 자아와 인격적 자아, 즉 일상적으로 이해된 자아간의 상호일치가 존재하는 것으로 여겨진다.

VII. 자아론에 대한 비판

이 단계에서 더욱 복잡한 문제가 자아에 대한 의식의 근본적인 현상학적 상과 관련해서 제기될 수 있다 - 결과적으로 의식의 "비자아론적인"(non-egological) 해명 가능성에 관한 문제가 제기될 수 있다. 사실 철저한 현상학적 환원절차가 만일 지속적으로 이루어진다면, 심지어 자아의 원리가 그것의 순수성에서 인식된다면, 자아원리에 대한 여지를 거의 남겨 놓지 않는 것으로 여겨진다. 왜냐하면 궁극적 분석에서 의식은 "현상학적 잔여"로서만 입증되기 때문이다 - 그리고 현상학적 잔여는 자아원리에 관계함으로써 분명히 지적인 것으로 받아들여질 수 없는 것이다. 결과적으로 우리는 의식의 "비자아론적" 구조에 대해 좀더 언급하려고 한다.

우리는 최소한 그와 같은 비자아론적 해명 - 즉 현상학적 운동의 구성원인 거비취(Aron Gurwitsch)에 의한 비자아론적 해명 - 이라는 시도에서 드러나는 것을 지적하고자 한다. 거비취에 따르

---

27) Husserl, Ms. A VI 21 참조.

면 현상학적 환원은 엄밀하게 말하면, "전(前)인격적 또는 선(先)인격적 영역으로서"의 선험적 의식을 배제해야 한다.28)

이러한 맥락에서 후설의 의식이론에 대한 사르트르(J-P Sartre)의 비판은 특별하게 숙고할 가치가 있다.29) 사르트르의 주장은 정확히 의식의 "배후"나 "안"에 자아가 없다는 것이다; 그러나 거기에는 단지 의식에 '대한' 자아가 있다. 사르트르에 있어서 자아는 어떤 특수한 방식에서 보여질 필요가 없다; 게다가 자아는 "세계로부터", "세계 속에서" 대상으로서 - 대상 중의 대상으로서 - 받아들여지는 것이다. 그는 자아가 의식에서 형식적인 것도 아니며, 물질적인 것도 아니라고 한다; 그에 반하여 자아는 "또 다른 자아와 같이 세계의 존재"이다.30)

앞에서 언급한 선험적 자아(ego)나 자아(I)에 관한 후설의 자아론적 입장에 도전함으로써 사르트르는 모든 일관성에서 현상학적 환원 자체의 모든 원리를 따르도록 요구한다. 그러므로 그는 후설의 주장을 받아들임으로써 심리적 '나에게' 그리고 심리-물리적 '나에게' "초월적" 대상이 있다는 것으로부터 그의 탐구를 시작한다. 이러한 초월적 대상은 다른 대상에 대해 행하는 것과 같은 방식으로 판단중지되어야 한다. 그리고 이때 사르트르는 다음과 같은 문제를 제기한다: 이것은 심리적 '나에게', 정신-물리적 '나에게' 충분하지 않는가? 선험적 대상은 선험적 자아, 절대

---

28) A. Gurwitsch, "A non-egological conception of consciousness", in *Philosophy and Phenomenological Research*, I, 1941 참조.
29) Jean-Paul Sartre, *The Transcendece of the Ego: An Existentialist Theory of Consciousness*, Noonday Press, New York.
30) *Ibid.*, p. 31.

적 의식구조에 의해 그것이 "이중화되기" 위한 어떤 필요성과 정당성이 있는가?31)

후설의 "선험적 자아"의 이론의 배후에서 사르트르는 일상적 사고에서 의식이 동일성과 개별성을 위하여 필요하다는 정당성을 드러낸다. 그러나 사르트르가 관찰한 현상학적 의식개념에서 전체적으로 무용한 자아의 동일화하는 역할과 개별화하는 역할을 드러낸다. 그에 반하여 나의 자아의 동일성과 인격성은 의식에 의하여 그 자체가 형성될 수 있다. 왜냐하면 현상학적 절차와 일치하려는 배제는 나의 경우에서 형성될 수 없기 때문이다; 엄밀한 현상학적 탐구에서 자아는 세계 자체와 같이 "상관적 존재"로서 입증된다 - 요컨대 자아는 "의식에 '대한' 대상"이다.32) 따라서 사르트르의 주장을 요약하면, 선험적 자아는 '존재이유'가 없다.33)

이제 현상학적 실존주의자의 비자아론적 견지에서 후설의 선험적 자아나 순수자아의 이론은 정당화될 수 있는가? 초기의 탐구에 있어서 후설은 의식작용의 동일적 주관극, 대상에 그 자체가 지향하는 자아 - 또한 순수자아 - 의 맥락에서 본질적인 주관성을 언급한다. 순수'사유'(cogito)기능을 이끄는 순수자아는 경험적 주관성을 포함하는 세계의 현상학적 의심을 통하여 잔여로서 남는다.

후설의 입장에 대한 사르트르의 비판은 경험적 심리-물리적 자아(I or ego)나 앞에서 언급한 선험적 주관의 두 층의 분명한 구

---

31) *Ibid.*, p. 36.
32) *Ibid.*, p. 42.
33) *Ibid.*, p. 40.

분을 무시하는 것으로 여겨진다. 사르트르는 앞에서 언급한 현실적인 용어에서 명증적으로 환원함으로써, 그와 같이 "초월함"(현상학적 의미에서)으로써, 궁극적으로 "괄호침"으로써 드러나는 자아는 후설에 의한 방식에서 분명히 인정하고 있는 것이다. 그러나 그에 있어서 그러한 자아는 다른 자아, 즉 순수자아만을 전제한다. 후설이 분명하게 단언하는 것처럼 우리가 이해하는 " '나'와 '우리'는 현전되고 있는 은폐된 '나'와 '우리'를 전제한다.[34] 그리고 그것이 각기 속하는 두 층의 구분을 무시하는 것 - 다시 말하면 일상적으로 사용하는 의미로서 자아와 동일한 층에 전제된 선험적 자아를 특징지우는 것 - 은 "범주적 혼란"의 결과이다.

그러나 사르트르의 비판은 아마도 아주 쉽게 순수자아를 정립하는 후설의 경향에 대한 경고로서 이바지한다. 일상적으로 표현되는 "자아"존재는 어떻게 "선험적 주관성"의 현상학적 입장에 대한 자아론적 해명을 이끄는데 도움을 줄 수 있는가? 그러나 아마도 의식이 "선(先)인격적"일 수 있다는 후설의 입장에 의한 정당화는 오직 "자아"(물론 그러한 "자아"는 순화된 또는 "정화된" 형식으로 - 특히 개별화된 형식으로 - 분명히 받아들여 지는 것이다)의 형식에서 주관에 관계함으로써 원본적으로 인식되는 것이다. 더구나 만일 사르트르 자신이 인정하는 자아가 '너'나 '그것' 등 "보다더 직접적"이다면, 따라서 현상학적 지속이라는 점에서 그것은 잔여 - 불가피하게 남는 것 - 를 어떤 다른 범주보다도 "자아"라는 용어에 의해 보다더 적절하게 특징지우는 것으로

---

34) Husserl's Article in *Encyclopaedia Britanica*(14th Ed.).

여겨진다. 단지 그것은 "은폐된" 것으로서, "익명적인" 것으로서 받아들여진다는 것을 세심하게 통찰할 수 있다.

VIII. 최종적 역설

그래서 우리는 이 글의 중심 문제 즉 의식의 선험적 영역과 인간적 자아의 경험적 영역간의 관계를 발견하는 문제에로 되돌아간다. 우리는 선험적 의식이 인간의 실재성에 속한다는 자명한 이치에 직면한다 - 선험적 의식은 인간존재의 '구체적' 상황을 지닌다. 한편으로 사실적 자아나 인격의 층으로부터 순수의식의 영역은 접근하기 쉽게 잘 드러날 수 있다; 왜냐하면 심지어 사실적 자아나 인격은 자기의식의 고유한 속성에 의하여 특징지워지는 한, 그것은 사물 중의 사물로서 간주될 수 없기 때문이다.(그러한 점은 위에서 언급한 사르트르의 비판에 대하여 다시 주장되어지는 것이다). 다른 한편으로 순수의식의 측면으로부터 구체적 맥락이나 정위중심 - 즉 인간적 자아의 유형에서 - 을 요구하는 것이다.

이제 이 글의 서두에서 언급한 역설, 인격성의 현상학적 탐구의 이러한 관점의 결과로 인한 역설은 다시 드러날 것이다. 즉 그것은 "인간적 주관성의 역설"(Paradoxie der menschlichen Subjektivität)이며, 이 주관성이 세계에 대한 주관이라는 존재의미를 지니는 것은 동시에 세계 속의 대상이라는 존재의미를 지니는 것이다.[35] 세

---

35) *Krisis*, §53 참조.

계 속의 대상형식의 주관성이라는 인간과 세계에 관련한 주관이라는 인간 - 후설이 표현하는 것처럼 "대상으로서 세계 속의 주관성"과 "세계에 대한 의식대상" - 과의 모든 일치의 원리는 현상학 그 자체에 이론적인 문제를 제기한다. 이러한 문제에 직면함으로써 유사한 문제가 다음과 같이 발생한다: 어떻게 인간에게서 주관성의 두 국면 - 즉 세계, 그 존재의미를 구성하는 것과 세계질서에 의하여 결정되어지는 것 - 이 일치하는가? 다른 방식에서 이 문제를 제기하면, 선험적 주관성은 세계, 인간에 대해 구성적으로 기능하는 것인가?36) 그것은 그러한 우리를 곧바로 지시하는 것이고, 우리는 의미를 구성하는 주관이고, 물론 자연적-객관적 의미에서의 인간이다. 다른 방식에 있어서 어떻게 우리가 모든 것에서 "우리"로서 인식되어질 수 있는가? 인간으로서 우리는 세계에 속하는 실재성이다.

앞에서 언급한 역설을 해명하려고 함으로써 후설은 모든 현출에서 두 방법론적 출발, 즉 존재적으로 정립된 현실적 영역과 선험적 주관의 영역을 분리하고, 동시에 재통일한다. 전자는 필연적으로 세계를 이끌고, 후자에 대해 현실적으로 주어진 것 - 인격과 관계된 것을 포함하는 - 은 단지 "현상"이다. 이러한 관점은 방법론적 접근의 배타성에서 명증적으로 일치될 수 없다. 중요한 것은 "세속적" 자아의 실재상과 판단중지의 과정을 통하여 획득된 선험적 자아의 존재상의 명백한 구분이다. 궁극적인 분석에 있어서 두 태도의 정반대성 - "일상적 의미"의 "자연적인 객관적 태도"와 "무관심한 방관자"의 태도 - 이 받아들여진다.37) 유사하게

---
36) *Ibid.*, §54.

자아에 관련한 "순수한" 것과 "경험적인" 것의 대립은 "본질적" 정의와 각각의 존재의 "사실적" 정의간의 대립과 상관관계를 지니는 것이다.38)

이제 이 모든 것을 숙고함으로써 그것이 인간에 대해 어떻게 가능한가라는 문제가 후설에 있어서 제기될 수 있는 것으로 여겨지고, 인간은 그 자신이 세계의 사물이고 동시에 세계와 사물을 '구성한다.'39) 한편으로 자아 자체는 세계지평 속에서 드러난다; 자아는 사실적(시간공간적) 세계 내에서 참여를 통하여 '실재적'으로 드러난다. 다른 한편으로 인격으로서 외부로부터 경험적으로 현출하는 것 속에서 주관성은 기능하고 성취하는 근거로서 있다. 오직 후자를 통해서만 모든 대상성 - 인격 자체를 포함하는 - 은 객관적으로 다루어지는 것이고 동시에 주관성, 즉 현상과 관계되는 것이다. 후자는 다시 주관적 원리, 선험적 능동성의 고유한 원리 그 자체에 포함된다 - 후설이 통찰한 것처럼 각 인간은 그 자신 속에서 "선험적 자아를 이끈다."40)

그러나 선험적 자아의 현상학에 있어서 이와 같은 승인은 선험성에 존재의 형이상학적 근거를 이끄는 것이 아니다. 왜냐하면 후설은 인간의 본질적 정의의 층 - 인간존재의 문제에 관한 하이데거의 형식화와는 다르게 - 에 남으려고 하기 때문이다. 그러므

---

37) *Ibid.*, p. 183. 이러한 맥락에서 후설은 또한 "선험적 상호주관성"이나 "상호주관성의 선험적 자아"의 요인을 숙고한다. 왜냐하면 그것은 역시 세계 내 인간으로서 구성되기 때문이다.(*Ibid.*, §54.).
38) W. Biemel. "Husserls Encyclopaedia-Britannia Artikel und Heideggers Anmerkung dazu", *Tijdschrift voor Philosophie*, Mai 1950 참조.
39) *Ibid.*, p. 276f.
40) *Krisis*, p. 190.

로 궁극적인 현상학적 성찰에서 선험적 자아는 더구나 사실적 자아와의 관계에서 "익명적"(anonymous)으로 유지되는 것이다.

제 6 장

과학철학으로서의 현상학

I

철학적 이론이나 원리는 자연과학(또는 과학)의 이론적 근거 - 심지어 함유되어 있지만 - 의 어떤 철학적 탐구를 최소한 제공할 수 있다고 정당하게 기대할 수 있다. 여기서 우리는 후설 현상학으로부터 이끌 수 있는 한에서 과학철학에 관계한다. 그것에 의해 우리는 '어떤' 철학에 관계한다고 할 수 있는 학의 근거에 대한 소박한 관계보다는 어떤 분명한 정의와 해명을 의미할 것이다. 현상학은 직접적인 경험의 체계적인 분석을 제기한다. 그러한 점에서 현상학은 자연적 사실과 사건의 특수한 영역에 속하는 실증과학에 어떤 합일 점을 일반적으로 제공할 수 있다. 다른 한편으로 무전제의 철학 자체인 현상학은 사변적 과학이론 - 고대의 "자연철학"(natural philosophy)의 유형이나 상술한 과학철학의 "개괄적" 유형의 어느 것이든지 간에 - 을 제시할 수 있다고 기대할 수 없다.

그러나 일반적으로 과학의 개념은 후설 현상학의 개념과 결코 분리될 수 없는 것이다. "엄밀한 학으로서의 철학"을 구현하려는 후설의 근원적인 기획은 비록 그것의 엄밀함이 지속적으로 줄어들지라도, 그와 같은 현상학적 철학을 이끄는 틀로서 드러난다. 철학에 대한 이러한 이념을 확립함에 있어서 후설은 보다 넓은 의미에서, 즉 일반화된 의미에서 '학'(Wissenschaft)의 개념에 대한 그의 이념을 명증적으로 확립한다. 수학적 노선에서 철학을 정확한 학으로서 구축하려는 데카르트의 이념은 철학함에 있어서 후설과 결코 분리될 수 없는 것이다. "과학"의 근원적 의미가 정확한 인식과 확실성에서 드러나고, 후설에 있어서는 직관의 명증에 의해 확증된다.

그러나 비록 "엄밀한 학"의 상은 후설의 기획을 이끄는 개념으로 확정할 수 있지만, 그는 정확한 자연과학과 현상학간의 절차의 부분을 잘 인식하였다고 지적할 수 있다. 왜냐하면 현상학이 본질적으로 '기술'에 의해 나가며, 그러한 순수기술은 실증과학의 '작용양태'(modus operandi)로서 결코 간주될 수 없기 때문이다. 그에 반하여 해명과 분석은 과학의 적절한 관심이다; 그리고 과학적 절차는 기술과 분리된 추상, 개념화, 일반화 등을 필연적으로 포함한다.[1] 사실 과학의 완전한 이념을 숙고함에 있어서 후설은 현상학적 탐구에로 들어가기 위해 과학의 편견을 허용하지 않는다. 그에 반하여 어떤 의미에서 - 과학의 발전적 단계를 표상하는 추상의 관점에서 - 그는 심지어 "과학을 거부"하는 것으로 여겨진다.[2]

---

[1] 이러한 점에서 후설은 개념과 이론이 각각의 과학에서 차별적으로 형성되는 한, "기술적" 학과 "설명적" 학이라고 일컬어지는 것을 분명하게 구분한다. (*Ideen* III, p. 3f).
[2] Merleau-Ponty, *Phenomenology of Perception*, p. viii, trans, Colin Smith 참조.

자연과학과 철학적 과학의 구분은 후설에 의하여 사실 아주 분명하게 그어지는 것이다. 자연과학이 마음의 자연적 태도로부터 발생할 때, 철학적 과학은 철학적 태도로부터 발생한다. "자연적 태도"(natürliche Denkhaltung)에서 마음은 관찰과 사유에서 '사상' (things) - 자체 명증적인 방식에서 우리에게 주어지는 사상 - 에로 귀환하는 것이며, 심지어 그때 존재방식이 주어지고, 존재종류가 구분될 수 있다. 자연적 인식은 지각세계에 관한 판단에 의해서 발생한다. 이것은 수 등과 같은 수학적 실체에 관한 현상과 마찬가지로 물리적이고 심리적인 현상의 자연과학이 어떻게 발생하는 가에 대한 대답이다. 수학의 경우에 있어서 실재적 대상이 다루어질 뿐만 아니라 이념적 대상이나 그 자체로서 타당한 대상이 다루어지는 것이다.3)

II

사실 후설은 앞에서 언급한 "현대과학"의 상에 의해서 또는 과학에 있어서 "과학자들"의 개념에 의해서 항상 이끌려지는 것을 거부한다.4) 그에 따르면 과학의 방법은 "현상학적 구성"의 '아프리오리', 즉 각각의 경험영역에 속하는 범주와 상관관계를 지니는 대상의 본질과 대상성의 가능한 경험의 본질에 의하여 결정되는 것이다. 과학자들이 관심을 지니는 것, 즉 그들의 임무는 자연

---

3) Husserl, *Die ideen der Phänomenologie*, I. *Vorlesung* 참조.
4) *Ideen* III, p. 22 참조.

적 요소와 사실이라는 각 영역에 상관관계를 지니는 경험영역에 속하는 특수한 문제와 방법을 이해하는 것이다 - 그리고 요구되어지는 것은 개념과 규범의 철학적 형식화를 이끄는 것이다.

 그래서 현상학적으로 숙고된 모든 과학의 방법은 대상범주(Gegenstandskategorie)에 본질적으로 속하는, 그것이 관계된 것에 본질적으로 속하는, 근원적으로 주어진 직관이라는 종류를 통하여 결정되는 것이다. 모든 자연의 인식은 경험의 궁극적 근원에 추적해 들어가야만 하는 것이다; 과학의 모든 정초는 궁극적으로 경험작용 - 반성하는 마음에 대해 근원적으로 현전하는 대상성의 현상학적 의미에서 "작용" - 에 궁극적으로 의거한다. 왜냐하면 모든 과학에 있어서 정초의 문제는 궁극적 분석에 있어서 직관이라는 사고와 구성의 영역으로부터 이끌려질 수 있고, 즉 주어짐의 근원적 계기에서 대상성을 현전하는 영역으로부터 이끌려 질 수 있기 때문이다. 따라서 각각의 대상범주는 근원적으로 현전하는 작용이나 파악의 정초적 형식과 상관성을 지녀야 하며, 이러한 각각의 방식에서 대상성을 구성한다.5)

 넓게 말하면 이제 과학에 대한 현상학적 연구는 자연과학의 이론적 초구조와 각각의 실재성의 영역에서의 본질적 통찰을 관계지우는 문제이다. 다시 말하면 각각의 실재성의 영역과 상관하는 현상학적 근원은 현상학적 방법을 통하여 탐구되는 것이다. 개별과학은 각각의 실재성의 영역 - 물질적인 사물, 육체적인 신체, 마음 또는 자아 등과 같은 영역 - 의 소박한 전제를 지니고 나가며, 이러한 각 영역은 넓게 반성하는 마음에서 구분되는 대상성

---
5) *Ibid.*, p. 22f.

을 드러낸다. "물질적 자연"과학이나 물질적 사물의 자연과학은 후설에게 그 출발점을 제공한다 - 그러한 과학은 자연을 동일화된 시간공간적인 인과적 관계에서 구성된 것으로 받아들인다. 물질적 대상성의 구성이라는 각 단계, 각 의미의 층에 우리의 자연에 대한 인식의 각 층이 결정되어지는 것이다. 그리고 과학적 정초에 대한 현상학적 탐구는 주로 이러한 문제를 지니고 있다.

III

직관적으로 주어진 대상성의 일반적 본질에 의한 과학적 방법을 해명함에 있어서 우리는 순수한 방법론적 문제로부터 경험과학의 '존재론적' 문제에로 불가피하게 이끌린다. 우리가 위에서 지적했던 것처럼 현상학적으로 숙고할 때, 과학의 방법은 근원적 직관을 통하여 궁극적으로 결정되는 것이다. 그러나 그것은 성찰, 즉 대상성 자체의 보편적 본질에서 또한 받아들여지는 방법의 또 다른 국면이다. 본질주의적 태도는 본질파악에 지향하는 것일 뿐만 아니라, 자체 구성되는 객관적인 것에 지향하는 것이다. 보여지는 일반적 본질은 그 자체로 개시되고, 따라서 필연적으로 존재론을 이끈다. 과학의 완전한 방법은 존재론의 체계적 형성, 즉 각 대상범주에 속하는 본질이론을 전제한다.[6]

과학철학에 있어서 엄밀한 문제는 이러한 단계에서 다루어지

---

[6] 순수직관으로부터 형성된 "본질론"은 초기 후설의 탐구에서, 즉 [논리연구]에서 인식의 현상학을 예단한다.(제 3 장 참조).

는 것이다: 과학의 근본적 개념과 전제가 분석되고, 해명되는 것인가? 개념발생의 문제에 대한 후설의 입장은 '얼핏보면' 경험주의적이다. 후설은 일반적 개념이든지 특수한 개념이든지 간에 모든 개념이 경험으로부터 발생한다고 한다; 그리고 그것의 적용은 경험의 지속과 관련하여 더욱 결정되는 것이다. 그러나 후설이 일반화를 통한 경험으로부터 발생한 개념을 인정하지만, 그는 개념주의적 입장을 받아들이지는 않는다. 왜냐하면 현상학적으로 숙고된 일반적 용어의 의미는 논리적 본질로서 해명되는 것이기 때문이다; 그리고 그와 같은 의미는 논리적 사유가 순수한 형식주의적 의미에서 받아들여지지 않고, 이념적 가능성을 함유하는 것으로서 받아들여질 때만 타당한 것으로 받아들여지는 것이다. (제 3 장 참조). 후자는 다시 ~에 관해 파악하는 본질을 받아들이는 것이다 - 그와 같이 상관관계를 지니는 "노에마"(noema)는 논리적 개념을 통하여 진정한 표현으로 드러난다.

개념분석으로부터 개념은 오직 상관관계를 지니는 대상 가능성이 거기에 있는 한, 타당한 것일 수 있다. 일반적인 본질의 파악에 있어서 직관적-노에마적 본질에 상관관계를 지니는 것은 또한 현전된 것이라는 것을 추정하고 있다. 그러나 노에마적 본질은 의미에서 추정될 필요가 있고, 근원적으로 현전하는 직관에서 현실적으로 경험될 필요가 있다. 그리고 후자의 경우는 개념의 "존재타당성"(Seinsgültigkeit)에 영향을 미치는 것이며, 그것은 보다 단순하게(또는 이념적으로) 타당한 것이다.[7] 후설이 순수한 의미를 분명하게 구분하는데, 이는 모든 주장으로부터 자유롭고,

---

7) *Ideen* III, p. 26.

'주제적' 특성, 즉 존재적 언설에 따른 의미로부터 자유로운 것이다. 따라서 고차의 일반성 개념은 심지어 소박한 노에마적 본질에 의해서 이해되는 것일 뿐만 아니라 그것의 실재적 의미에 의해서도 이해되는 것이다. 그리고 이것은 일반적인 모든 과학에 유효하고, 심지어 "이념적" 과학에도 유효하다.

IV

개념과 이론을 해명함에 있어서 현상학의 특수한 탐구는 더욱 숙고되어진다. 따라서 우리는 현상학의 중요한 임무 중의 하나 - 의식에 근원적으로 현전된 것으로서 본질의 근본적 방식에 속하는 주요한 부분들의 체계적 탐구와 과학적 기술 - 에 이르게 된다. 그러한 각각의 근본적 방식은 '영역적' 개념과 상관관계를 지니고, 이는 이러한 의미가 본질적으로 관련되는 모든 대상을 포괄하는 '영역'을 지니고 그리고 상관관계를 지닌다. 현상학적 사고에 있어서 "영역"개념은 특수한 자연과학에 관한 동종의 통일에서 대상의 집합(체)을 지니고, 이와 상관관계를 지니는 특수한 경험영역 자체를 '구성한다.'[8]

이러한 맥락에서 후설에 의하여 "영역적 개념"과 "종개념" - 각 개념의 이념적 타당성과 존재적 타당성과 상관관계를 지니는 - 간의 미묘한 구분이 그어지고 있다. 객관적인 영역적 개념은 어

---

[8] L. Landgrebe, "Seinsregionen und regionale Ontologie in Husserls Phänomenologie", *Studium Generale*. Juli, 1956, p. 320 참조. 또한 이 책의 제 5 장 참조.

떤 공리로부터 또는 직관에서 이해될 수 없는 '아프리오리한' 개념의 어떤 체계로부터 연역 - 예를 들면 칸트가 "범주의 선험적 연역"에서 지향한 것처럼 - 을 통하여 이끌려질 수 없는 것이다. 그것은 자연과학에서 형성된 종개념, 즉 일반화로서 경험으로부터 다루어질 수 없는 것이 아니다. 그래서 우리는 영역의 현상학적 구성에 의거한 종개념의 형성과 실재성의 각각의 국면에 관한 경험과학 - 실재성의 학(Realitätswissenschaft) - 에 의거한 종개념 형성간의 분명한 구분을 지녀야 한다. 어떤 종이나 종류와 다른 종이나 종류간의 구분 - 모든 것에 있어서 일반성의 각 정도 - 은 어떤 경우에 있어서 본질에 관한 순수직관의 관계를 통하여 획득되는 것이고, 다른 경우에 있어서는 물질적 경험에 대한 분별 있는 숙고를 통하여 획득되는 것이다. 따라서 객관적인 영역적 개념은 파생적인 방법에서가 아니라 본질 속에서 근원적으로 이해되는 것이다.9)

더구나 영역적 개념과 상관관계를 지니는 것은 그와 같은 존재론(즉 "영역적 존재론")의 '아프리오리한' 가능성을 지닌다. 왜냐하면 '영역'의 형식에서 표상된 '아프리오리한' 것은 아마도 존재론의 원천이기 때문이다.10) 자연과학의 명료화는 영역적 개념의 형성에 의존한다; 그러므로 그러한 명료화는 각 영역적 존재론과 상관관계를 지니는 자연과학을 지닌다. 개별과학에 있어서 존재론의 필연성과 입장 그리고 자연과학의 발전에 있어서 그것의 독특한 역할은 현상학의 근원적 정초에 의하여 다시금 이해되

---

9) *Ideen* Ⅲ, 97, p. 25ff 참조.
10) *Ibid.*, p. 36. 이 책의 제 7 장 4절 참조.

어야 하는 것이다. 영역적 구성의 이념, 사물이나 물질적 사물의 구성으로서 이끌려지는 영역적 존재론의 넓은 예를 받아들이는 것은 어떤 경우에도 적절하다. 따라서 모든 속성과 분명한 관계에도 불구하고, 외부 세계의 물질적 사물은 현상학적 구성의 관점으로부터 어떤 "영역" 하에서 발생된 것이라는 것을 알 수 있다.

이러한 맥락에서 "경험과학"(Erfahrungswissenschaft)과 "본질주의적 학"(essentialistic science)이나 형상학(eidetic science)간의 근본적인 구분이 숙고되어야만 한다. 경험과학이 보여지는 현존재(Dasein)를 지닐 때, 본질주의적 학과 형상학은 본질(Wesen)을 지닌다 - 그러한 각기 가능한 내용을 구성하는 본질은 각각의 영역에 관련하여 일반적으로 존재한다. 그리고 가능한 본질의 구조가 현상학적 관점으로부터 - "기원"의 관점으로부터 - 사실의 층에로 나갈 때, 현상학은 일반적인 경험과학에로 나갈 수 있다.

사실과 본질이나 형상적 개념, 다시 또 다른 층, 즉 경험적 사실 속에서 통찰되는 보편적 규칙성의 구분은 지적될 수 있다. 이러한 층은 이론적인 과학적 탐구에서 발생하고, 이러한 탐구는 현상학적 탐구에 이르게 할 수 없고, 단순한 경험적 탐구의 층에로 이끈다. 후설은 이론적인 과학적 탐구가 형상적 탐구를 전제하지 않는다고 강력히 주장한다; 그에 반하여 이론적인 과학적 탐구는 경험에서, 그 속에서 확정된 질서에서 통찰되는 것 자체에로 향한다.[11]

---

11) 이러한 점에서 후설의 해명이 지니는 것은 선기하학의 영역측정의 방식(순수하게 경험적인 근거)을 지니는데, 이는 이론학이다. 또한 그것은 산술적 기술학 이전의

V

경험적 일반화의 이론적 근거 - 일반적인 경험적 판단에서 획득되는 근거 - 는 사실 후설철학에서 재현되는 주제이다. 그는 심리학적 습성과 연합에 대한 가능성의 경험적 판단을 추적하는 흄으로부터 직접적으로 진리 가능성을 탐구한다 - 그리고 흄에 의해 가능하지 않는 일반적인 경험적 진술의 진리 가능성을 탐구한다. 후설은 흄의 분석의 독단적인 '심리학적' 특성을 지적함으로써 귀납과 개연성에 관한 흄의 술어를 해명한다. 법칙의 객관적 타당성은 단지 경험적 일반화로부터 이끌 수 없다고 후설은 주장한다; 그것은 보편적이라는 충전적 의식의 이념적 가능성 - 또는 후설이 표현한 것처럼 "일반적 명증" - 에 더욱 궁극적으로 의존한다. 따라서 일반적인 경험적 진술의 이념적 변경 가능성은 의식일반성이라는 그러한 명증을 통하여 확증되는 것이다.[12]

본질직관의 형식에 있어서 일반성의 어떠한 명증 가능성은 사실 순수이성의 칸트적 체계와 아주 밀접하게 현상학적 입장을 이끄는 것으로 여겨진다. 왜냐하면 칸트적 체계와 마찬가지로 현상학적 입장에 있어서도 과학의 일반적 진리와 법칙은 가능성이라는 술어를 배제하는 것으로 여겨지며, 이때 그것은 사유 자체(현상학에 있어서 그것은 "순수이성"이라기 보다는 "순화된 경험"이다)의 구조에 근거하는 것이기 때문이다. 그리고 라이헨바하(Reichenbach)가 지적하는 것처럼 여기서 엄밀한 현대과학철학은

천체의 관찰을 위한 경험과학이었다.
12) Husserl, *Erfahrung und Urteil*, Beilage II, p. 472ff. 또한 이 책의 제 7 장 참조.

"이성의 분석보다도 사실적인 과학적 인식의 분석"방법을 지니고 나간다.13) 인식비판의 중요성을 인식함에도 불구하고, 라이헨바하는 충전적인 과학철학에 속할 수 없는 순수이성의 분석을 통한 칸트적인 철학함의 유형을 날카롭게 비판한다. 그러므로 그에 있어서 자연에 대한 과학철학은 단지 사유의 잠재성을 분석하는데 관계하는 것이 아니라 사유의 산출을 분석하는데 더욱 관계하여야 하며, 어떻게 설명적인 과학적 이론의 형식에서 구체화되는가에 관계하여야 한다.14)

그러한 문제는 명증의 근거 위에서 그것이 작용함으로써 드러나고, 본질의 체계를 지니는 현상학적 분석의 정당성에 대해서도 발생하는 것이다. 칸트적 경험비판을 대부분 공유함에도 불구하고, 현상학은 아주 현저하게 구분되는 점 - 방법론과 마찬가지로 주제를 이끄는 점 - 을 제공한다. 칸트적 체계와 다르게 현상학은 고정된 범주체계를 확립하려고 하지 않는다; 더구나 현상학은 개방된 체계를 분명히 드러낸다. 그리고 개방된 체계는 사유에서 고정된 범주에 의하여 이끌려지지 않는 발전을 추구하는 것이다 - 여기에서 범주의 전통적인 틀을 유지함으로써 현상학적 분석과 판단의 논리적 형식으로부터 칸트적 "범주의 선험적 연역"간의 구분이 이루어진다.15) 다른 한편으로 현상학적 분석에 있어서 경험의 이념적 선조건으로 정립되는 범주(즉 본질)는 각각의 경험영역과 층 속에서 이끌려진 환원과정을 통하여 획득된다.

현대과학철학에서는 인식의 일반적인 전제에 대한 영역을 지

---

13) Hans Reichenbach, *Modern Philosophy of Science*, Ch. Ⅳ, p. 79.
14) *Ibid.*, p. 82.
15) *Ideen* Ⅲ, p. 25 참조.

니지 않는다; 범주는 특수화된 각각의 경험영역에 속하고, 해명하는 특수한 가설이라는 전제만을 지닌다. 모든 과학체계는 그 자체의 일련의 전제를 지닌다; 그러나 그것은 경험 가능한 모든 체계를 유용하게 지니는 전제라는 체계를 추구하려는 인간 지성의 쓸데없는 시도이다. 현상학이 관계하는 한, 그것은 특수화된 경험영역과 합치하는 공리와 전제의 보편적 틀을 고정하려고 하지 않는다. 부분적으로 그러한 지적 고착에 대한 현상학의 중요한 경우 - 아마도 유일한 경우 - 는 현상학이 세계를 산출하는 주관성의 어떤 정초적 원리를 주장할 때, 드러난다.16)

그래서 우리는 특수한 경험영역을 확장하여 그것의 근본개념과 범주를 받아들이는 자연에 대한 진보적인 철학의 요구를 숙고하는 것이다. 엄밀한 기획과 방법에 있어서 현상학은 그러한 요구와 대립하는 것으로 여겨지지 않는다. 일반적인 과학적 해명의 이론적 근거에 대해서처럼 그것은 "사실과학의 내용과 형식간의 밀접한 관계"를 지닌다. 즉 라이헨바하가 주장하는 것처럼17), "선험적 논리학"은 우리가 이미 지적했던 것처럼(제 3 장 참조), 정확히 경험의 형식과 내용간의 적절한 조화에서 후설의 목적에 의해 제기된다고 일반적으로 지적된다. 이러한 맥락에서 각각의 인식영역의 과학적 탐구는 현상학적 탐구와 관계를 지닌다는 점이 드러난다. 라이헨바하가 "문제의 자율성"(autonomy of problems)으로서 지시하는 것은 인식학문과 인식이론에 대한 토대로서 작용한다. 이제 다음과 같은 문제가 발생한다: 현상학적 경험분석

---

16) 그 점은 이 책의 제 6 장과 7 장에서 논의되고 있다.
17) Reichenbach, p. 81.

은 그와 같은 "문제의 자율성"의 여지를 남겨 놓는가? 이러한 점에서 "영역"과 "영역적 존재론"의 전형적 개념은 어떤 단서를 제공할 수 있고, 이때 개념은 각각의 자연과학과 상관관계를 지니는 특수한 경험영역을 표상한다.(이하 참조).

VI

과학적 이론과 개념의 현상학적 분석에서 "영역"개념에 대한 현실적인 존재론적 함유는 더욱 탐구되어지는 것이다. 본질의 직관적 분석이라는 현상학적 방법은 동시에 또 다른 것에 근거하는 실재성의 범주(Realitätskategorien) - 넓게 말하면 그와 같은 물질, 육체적 신체, 마음과 "정신적 자아" 등의 범주와 같은 범주 - 로부터 확정할 수 있다. 이러한 범주의 각각의 본질이 근원적 직관으로부터 이끌려지는 한, 학문영역(Wissenschaftsgebilde)과 상관관계를 지니는 근원적 의미는 그것을 통하여 결정되는 것이다.

이러한 단계에서 과학의 법칙이나 이론에 관계된 존재론적 문제는 각각의 경험체계와 관계된 대상성의 존재론적 영역에 관한 현상학자의 내용이라는 점에서 분명하게 숙고되어야 한다. 왜냐하면 법칙과 사실이라는 과학체계는 존재론의 체계에 상호관계하기 때문이다 - 그리고 전자의 해명은 후자의 해명에 의하여 필연적으로 수반된다. 이러한 문제영역 속에서 "물질주의적" 해명의 요구는 자연히 숙고되어지는 것이다. 콰인(Quine)은 감각소여와 대상간의 관계를 해명함에 있어서 "단순성의 법칙"(the rule of simplicity)에 의하여 '물리주의적인' 개념적 틀의 장점을 언급한다. 그러나 콰인도 두 논쟁적인 개념적 틀 - 형상주의적 틀과 물리주의적 틀 - 을 지적한다. 그리고 그는 전자가 '인식론적으로' 보다 정초될 때, 후자는 물리적으로 정초된다고 주장함으로써 양자를 더욱 조화시킨다.18)

보다 나아간 분석에서 콰인은 현상주의적 관점으로부터 물리주의적 관점에로 그리고 다시 후자로부터의 플라톤적 존재론에로 변경을 지적한다 - 이 모든 것은 "신비"의 어떤 층으로부터 또 다른 "신비"의 층에로의 이행일 뿐이다. 그가 지적하는 것처럼 현상주의적 관점으로부터 물리주의에서 승인된 물리적 대상의 개념적 틀은 "관습적 신비"로서 입증된다. 엄밀한 물리주의적 틀이라는 점으로부터 물리적 대상의 층과 속성에 관한 플라톤적 존재론은 신비가 덜하지 않다. 단지 이러한 존재론의 "고차적 신비"는 콰인이 인정한 것이고, 물리학의 설명을 단순화하는 한, "훌륭하고 유용한 신비"이다.19)

콰인 자신이 인정한 것처럼 이제 그와 같은 과학적 이론에 대한 접근은 사실 형식주의적 태도를 지닌 상태일 것이다. 그러나 결국 무엇이 그와 같은 접근의 산물일 수 있는가? 과학적 해명영역에서 결국 어떤 종류의 "허구주의"(fictionalism)를 초래하지 않는가? 왜냐하면 후자는 존재론적 유용성이 전혀 없게 되고, 물리적 세계에 관한 과학적 이론은 "카드놀이 장치에서" 보다도 나은 것을 아무것도 입증할 수 없다. 만일 현상주의가 인식론적으로

---

18) W. V. O. Quine, *From a Logical Point of View*, Ch. I.
19) *Ibid.*

만족할만한 이론 - 콰인(Quine)과 카르납(Carnap)이 주장하는 것처럼 - 으로서 받아들여지는 것이다면, 그때 물리적 대상과 수학적 대상에 대한 존재론은 완전한 신비로 환원될 수 있다. 결과적으로 인식론적인 것과 존재론적인 것간의 심연이 과학이론의 영역에 이미 남아 있다 - 그리고 인식론적인 것의 선험성은 존재론적인 것에 대한 여지를 전혀 지니지 않는다.

현상학적 태도와 방법은 두 관점, 즉 인식론적인 것과 존재론적인 것을 복합함으로써 보다 만족스런 접근 - 외연적으로가 아니라 그 모든 본성과 방법으로부터 - 을 제공할 수 있다. 한편으로 현상학이 현상학적 노선에서 형식적 속성을 받아들이는 한, 인식론에 자유롭게 접근할 수 있다. 다른 한편으로 실재성의 이론은 초월적 존재의 층에서 주장되는 것이 아니다. 그것은 이론의 여지가 있는 비조건화된 실재성으로부터 이끌려진 경험체계의 문제가 아니다. 어떤 경우에도 현상학은 연역적 절차 - 순수하게 형식적 방식에서도 아니고, 존재론적 방향, 즉 실재적인 것에 의해서도 아닌 - 를 제공하지 않는다. 후설이 주장하는 것처럼 "현상학은 본질분석과 본질기술의 무한한 영역이며, 연역의 영역이 아니다."[20]

VII

과학적 인식에 대한 현상학적인 선험적 분석의 단서는 경험에

---

[20] *Ideen* III, p. 59.

대한 과학이론과 개념에 관계를 지닌다. 현상학의 엄밀한 탐구에서 보면, 자연적 사실을 설명하기 위한 이론을 지니는 각각의 자연과학은 경험에 대한 거짓을 입증하는 것이다. 그리고 현상학이 계속해서 귀환하는 점은 선과학적 경험 자체 세계 - 후설이 일컫는 것처럼 '생활세계'(Lebenswelt) - 이다. 보다 분명한 분석에서 발전된 이론화의 층에서 제시되는 과학적 인식틀은 메를로-뽕띠(Merleau-Ponty)가 선과학적 기층에 의하여 그것을 표현하는 것처럼 "추상적이고 파생적인 기호언어"만을 형성하는 것으로 여겨진다.21)

이것은 일반적으로 후설의 현대과학비판에로 우리를 이끌고, 그것으로부터 발생하는 가능한 철학적 시원에로 우리를 이끈다. 후설은 경험의 선과학적 세계와 설명적인 이론적-수학적 구조를 해명함으로써 산출되는 과학의 세계간의 커다란 심연에서 정초적인 문제 - 사실은 "위기" - 를 탐구한다. 후설은 현대과학의 임무를 제기하고, 그 방법을 이끄는 모든 태도를 심문한다. 그리고 그는 인간적 인식의 모든 상황 내에서 부터가 아니라 그것에 의하여 과학(섬지어 현대"과학")을 판단하는 그리고 과학적 사고발전의 넓은 역사적-이론적 전망에서 발생하는 "위기"를 언급한다.22)

'현대'과학의 발전을 정의함에 있어서 후설은 갈릴레이를 전환점으로 받아들인다. 갈릴레이에 의하여 이끄려진 것처럼 실재성의 과학적이고 철학적인 점의 변경의 지배적인 특징은 후설에

---

21) Merleau-Ponty, *op. cit.*, p. ix.
22) Husserl, *Krisis*. A Gurwitsch's article, "The Last Work of Edmund Husserl" in *Philosophy and Phenomenological Research*, 1956, pp. 380-99.

의하여 "자연의 수학화"(Mathematisierung der Natur)로서 진술되고 있다. 물리학의 모든 이론적 초구조는 수학의 구조 속에서 - 수학의 언어 속에서 - 드러난다. 갈릴레이적 물리학에서 이끌려지는 개념은 "보편학"으로서 자연의 개념이었다. 그리고 그가 물리학을 체계화하기 위해 받아들인 최초의 단계는 '추상'이었다. 물리적 요소와 그것의 규칙성의 형식적-수학적 표상으로부터 감각경험내용은 점차적으로 해명되고 추상화되는 것을 볼 수 있다. 운동 '가능한' 신체에 관한 갈릴레이적 공식은 사실 물리적 사건의 사실적 지각에 호소하기보다는 추상적 개념에 호소하는 것이다. 추상의 방법을 통해서만 그것은 대상의 무한성을 보여줄 수 있고, 주관적 경험과 지각에 또 다른 방식으로 관계하는 것은 '아프리오리한' 방법의 구조 속에서 '객관적' 용어에 의해 결정될 수 있다.[23]

수학화와 추상의 결과로서 일상적인 경험세계는 배경 - 과학적으로 무의미한 주관적 현출의 상 - 에 속한다. 물리학자들이 생각하는 자연 속에서 발생하는 불필요한 심연은 수학적 용어로서 드러나고, 즉 사실적으로 경험된 자연으로서 드러난다. 물리학자들의 우주의 관점과 경험의 원본적 세계간의 이러한 분리는 갈릴레이와 뉴우톤(Newton)을 계승하는 현대물리학의 과정에서 문제가 된다.

더욱 수학화의 결과를 분석함에 있어서 우리가 이론의 여지없

---

[23] 갈릴레이의 운동의 수학적 이론 외에 데카르트의 가장 위대한 과학적 발견, 즉 분석기하학 그리고 뉴우톤의 '수학의 원리' 등은 이런저런 방식에서 소위 추상의 방법으로 여겨진다.

이 받아들이는 세계는 어떻게 가능한 무한한 경험영역에 적합한 "이념의 옷"(Ideenkleid) - 상징의 옷 - 에 의하여 해명되어 지는가를 후설은 보다더 비유적으로 지적한다.24) 앞에서 언급한 객관적인 과학적 진리 속에서 작용하는 구조는 '상징'의 구조이다 - 그리고 후자에 의하여 '생활세계' 속에서 근원적으로 현전되는 사물의 전체성은 표상되어질 수 있다. "이념의 옷"은 무엇이 방법론적이고, 무엇이 존재론적인가를 구분할 수 없는 외연에 대한 이해를 모호하게 한다; 결국 상징의 구조는 물리적 세계를 해명하기 위한 수단으로서 제공되고, 이러한 물리적 자연이라는 존재 자체는 아니다. 따라서 방법을 '통한' 방법의 의미는 통찰될 수 없다.

어떤 의미에서 갈릴레이적인 "새로운 과학"의 철학적 결과는 "객관주의"로서 특징지워질 수 있다. 그리고 물리주의적인 합리주의철학에서 발전된 갈릴레이의 객관주의는 자연과학적 방법의 합리적 틀에 더욱 근거하고 있다; 자연과학적 방법의 합리적 틀은 밀폐된 그리고 자체 포함된 물질적 체계로서 자연의 개념에 따르고, 이러한 세계에서 모든 시간공간적 사건이 결정되는 것이다. 일상적인 경험의 층에서 드러나는 세계에 속하는 "존재의미" (Seinssinn)는 어떤 의미에서 '주관적' 산출로서 간주되는 한, 그와 같은 세계의미와 중요성이 선과학적 경험의 층을 통하여 구성되는 것이다. 다른 한편으로 앞에서 언급한 과학적 세계에 관한 '객관적' 진리는 선과학적 사고와 그것의 근거로서 경험을 지니는 반성이라는 고차의 층에서 이루어지는 추상의 산물로서 간주된다.

---

24) *Krisis*, p. 53ff 참조.

이제 후설의 목적은 과학의 확고한 객관적인 '아프리오리한' 층과 생활세계를 인정하는 주관적 층간의 관계를 보여주는 것이다. 그리고 그와 같은 관계는 직접적인 경험의 선과학적 세계 중의 존재의미뿐만 아니라, 전체의 충실한 과학적 모습의 존재의미를 구성하는 주관성의 정초적 원리에 의해 제공되는 것이다. 왜냐하면 한편으로 소박한 주관적 세계가 우리의 소박한 태도에서 받아들여진다면, 분석된다면, 어떤 종류의 '아프리오리' - 후설이 "생활세계적 아프리오리"(lebensweltliches Apriori)[25]라고 일컫는 것 - 는 드러난다.(따라서 그는 선과학적 경험 - 충실한 과학적 의미를 지니지 않는 인과성과 같은 - 에서 소박하게 파악될 수 있는 분명한 동일성과 규칙성을 언급한다). 다른 한편으로 대상성 개념이 본질적으로 분석된다면, 의미를 구성하는 주관성이 드러난다.

대상성 개념은 객관적 '아프리오리'로서 과학에서 일반적으로 받아들여지는 것과 선과학적 경험에 속하는 선험성으로서 간주될 수 있는 것간의 관련 가능성을 확증한다. 지적인 객관적인 과학적 진리에서 주어지는 방식이란 주관성이라는 궁극적 선조건에 철저하게 되돌아감 - 되물음의 문제를 지적하는 것으로서 - 에 있으며, 이러한 주관성에 모든 의미의 타당성이 궁극적으로 근거되는 것이다. 그리고 물론 그것은 명백하게 객관적인 존재세계로서 받아들여지는 것을 거부하는 것을 의미한다. 그 대신 주관성은 선과학적 경험의 소박한 표상에 의해 마찬가지로 이러한 경험기층의 이성화된 객관화에 의한 궁극적인 선조건으로 간주될 수 있다.

---

25) *Krisis*, 36. '생활세계'에 관해서는 p. 128 참조.

VIII

현상학은 현대과학에 대한 정초적 방법의 간취에 대한 현대과학비판을 제공할 뿐만 아니라 과학적 인식의 모든 정초를 재구성하려고 한다. 과학에 대한 후설의 근본적인 비판은 '객관주의'의 비판이다. 그리고 객관주의는 과학적 인식의 초구조를 구축하는 근원적 의미정초(Sinnesfundament)를 완전히 상실함으로써 성취될 수 있기 때문에, 그것은 심각한 결점을 지닌다. 왜냐하면 모든 자연과학적 인식은 '생활세계'로부터 획득된 명증에 근원적으로 근거하며, 그것에 의하여 근원적 명증(Ursprungsevidenzen)의 근거는 세계에 대한 그리고 삶에 대한 지속적인 의미 - 후설이 언급한 것처럼 '삶의 의미'(Lebensbedeutsamkeit) - 에만 자연과학이 관계할 수 있기 때문이다.

결과적으로 후설이 상술한 "위기"를 처방하려 구제책은 일상적 경험의 선과학적 세계와의 관계를 회복하는 것이고, 자연과학의 이론적 초구조에서 궁극적으로 드러나는 모든 규칙성의 근원적 고찰을 회복하는 것이다. 과학의 수학적-이론적 구조에 의하여 이끌려진 모습의 정확한 의미에 접근하기 위하여 우리는 선과학적 세계의 근본적인 경험에 의하여 그것을 "번역"(translatable, 분석주의자들의 표현에서 주어진 것) 하여야 한다. 따라서 이론적 층 위에서 과학은 메를로-뽕띠(Merleau-Ponty)가 지적한 것처럼 "이차적 질서의 표현"으로서 간주될 수 있다.[26]

---

[26] Merleau-Ponty, *op. vit.*, p.viii.

가능한 대상화는 작용정립과 상관관계를 지님으로써 동의어적인 것으로서 다루어지는 과학적 개념에 따른 "작용주의"(operationalism)의 관점으로부터 "위기"라는 후설의 공식화가 제기될 수 있는 것이다. 과학적 개념과 이론이 작용적 맥락에서 해명된다면, 후설의 의미에서 그와 같은 "위기"를 함유할 필요는 없다. 과학이론의 도구주의적, 작용주의적 그리고 실증주의적 해명은 단지 쉽게 관찰할 수 있는 사실에 대한 술어를 형성하는 기능인 순수 산술적인 장치 - 또는 흔히 유지될 수 있는 "논리적 산물" - 라는 점에서 모두 일치한다. 우리는 여기서 과학의 이론적 개념의 두 정의 - 두 해명집단의 주요한 대립, 즉 실증주의적 해명과 실재론적 해명간의 대립 - 를 넘어서 현대과학철학에서 제기되는 대립적 문제에 들어가지는 않는다. 현재의 논의에서 우리가 작용주의의 중요성을 인식할 수 있는 한, 그것은 개념정의에서 작용의 중요성을 강조한다. 그러나 그것은 개념의 의미를 결정하는 작용적 국면을 결정적으로 강조하는 경향이 있고, 작용이 수행되는 본질적인 내용을 무시하는 경향이 있다.

더구나 순수 실증적-작용주의적 설명은 과학이론의 구조와 경험적 근거의 논리적 분석을 의심하지 않고 제시한다; 그러나 그것은 이론의 근원과 발전을 해명하지 않는다. 이러한 점에서 현상학적으로 문제가 되는 비판적 접근이 기대될 수 있다. 그와 같이 관찰할 수 있는 사실에 관계된 작용적 정의의 층에서 그 자체를 한정하는 대신에, 현상학은 발생적 분석의 고차적 질서의 문제 - '근원의 문제'(Ursprungsproblem) - 로 더욱 나아간다.

이러한 단계에서 불확실한 의심이 다음과 같이 지속될 수 있

다: 문제의 정립과 접근형식에 있어서 현상학은 본질적으로 다르지 않는 - 상반되지 않다면 - 경향을 지니지 않는가? 환원방법을 엄밀하게 한정하면, 현상학은 본질적으로 반과학적 방법 - 예를 들면 파버(Marvin Faber)가 지적했던 것처럼 "반자연주의적" 의미 - 에로 쉽게 전환하는 것이다.27) 우리는 자연적인 과학적인 것으로서 사실적 본질에 대한 자연의 규칙성을 환원하려는 현상학자의 시도를 받아들이는데 주저할 것이다. 확실히 자연과학의 판단, 방법 그리고 간취에서 과학이 드러내려고 하는 자연법칙은 사실 세계에 대해 타당한 것으로 취급될 수 있다.28)

반과학적인 존재에 대한 이러한 비판에 있어서처럼 현상학은 분명히 자연과학 자체로부터 제공될 수 없다고 일단 지적할 수 있다 - 비록 그것이 용어의 보다 일반적인 의미에서 "과학적"이라고 주장하지만.29) 과학이론과 방법에 흔히 연합되어 있는 형이상학적 구속의 최소화는 자연주의 - 또한 다르게 표현하면 심리주의(이 장에서 이미 지적된) - 라는 것이다. 이제 그와 같은 현상학적 태도는 자연적 관계와 조건에 의해 결정된 사실과 요소를 탐구할 필요는 없다. 그러나 그것은 특수한 관점, 즉 자연주의적 관점에서 제시되는 것을 거부하는 것이고, 이러한 관점은 실재적인 것으로서만 자연적 존재를 인식한다.

그러므로 가능한 과학철학에 대해 현상학적 해명이 지닐 수 있

---

27) M. Farber, "Experience and Transcendence", *Philosophy and Phenomenological Research*, Sept. 51. 또한 *The Foundation of Phenomenology: Edmund Husserl and the Quest for a Rigorous Science of Philosophy*, p. 535 참조.
28) Moritz Geiger in *Proceeding of the Sixth International Congress of Philosophy* (1926), p. 276f 참조.
29) *"Philosophie als strenge Wissenschaft"* 참조.

는 것은 무엇인가? 경험비판으로서 현상학은 자연법칙의 유형에서 사실을 질서지우는 문제와 분명히 관계하지 않는다. 우리가 이미 지적했던 것처럼, 그것은 과학적 인식의 인식론적(또는 심지어 선험적) 전제를 분석하여 고차적 질서의 문제를 더욱 그 자체에 지닌다. 그리고 현상학은 "인식론적 관점"(epistemological point of view) - 콰인이 현상학적 관점과 관련된 것으로 인정하는 관점30) - 의 선험성을 확립한다. 그러나 우리가 숙고했던 것처럼 (제 6 절) 현상주의(phenomenalism)는 허구주의를 이끌 뿐이다 - 발전된 이론적 국면에서 현대과학의 커다란 난문은 이념적 구성물의 결과를 주제로 삼는다. 이러한 모든 것은 일상적 삶에서 경험의 근원적 기층에 추적해 들어가는 후설의 처방이라는 특수한 해명의미를 이끈다.

---

30) Quine, *op. cit.*, p. 19.

제 7 장

현상학은 존재론적으로 구속되는가?

I

　문제는 철학이 존재론적으로 구속되는지, 또한 무엇보다도 철학이 불필요하거나 대수롭지 않은 것으로 드러날 수 있는지, 없는지 이다. 어떤 점에서 명명의 가치가 있는 철학적 이론이 실재적으로 있는 존재의 본성을 필연적으로 정립하는 바에 따르면, 그 문제가 제기되는 것으로 입증된다. 다른 한편으로 만일 철학의 종사가 오직 개념적 명료화이다면, 철학은 거기에 무엇이 있다는 자연에 대한 궁극적 관점을 지니는 사소한 문제로 전환된다. 그러나 문제는 두 조건 - 그들 중의 하나 양자 - 이 숙고될 때, 실재적인 것으로 받아들여지는 것이다. (a) 어떤 경우에서 존재론적 구속은 어떤 것으로 분명하게 공식화되지 않지만, 철학적 입장에 관계된 본질적 부분을 구성할 수 있다. (b) 다른 경우에서 철학적 입장은 순수경험의 비존재론적 해명이라는 이념에 포함된 철학적 부당성을 이끌어내기 위한 논리적 요구로서 발생된 존재론적 관점에 관계한다.
　이러한 문제의 국면은 후설 현상학의 이해에서 발생될 수 있는 것이다. 그리고 문제는 현상에 있어서 보다더 분명하게 발생된다. 그러한 이유는 현상학이 형이상학적 전제로부터 자유로운 철학적 분과이려고 하기 때문이다. 후설은 "엄밀한 학"으로서 그 자체를 형성하는 무전제의 철저한 철학에 대한 그의 기획을 제시한다.[1] 소극적으로 말하면 새로운 분과의 확고한 "과학적" 특성은 상술한 실재성의 궁극적 자연에 관한 어떤 이론화로부터도 자유로운 것이다. 실증적인 면에서 그러한 과정은 오직 인식의 '확실성'을 부여할 수 있는 "명증"의 확고한 정초에 근거해야 한다. 결과적으로 경험과 인식을 가능하게 하는 선조건의 학 - 다시 말하면 심리학으로부터 분명하게 구분되는 현상학으로서 "의식에서 명증적인 것의 학" - 이 "존재로서 존재"(being as being)에 관한 이론을 거의 포함하지 않는다.

존재론은 존재자 - 궁극적 분석에서 거기에 '있는' 것 - 의 최종적 의미를 탐구한다. 그러므로 존재론적으로 구속된 것은 존재나 존재자(existence)의 궁극적 양태에 관한 결정적 관점을 받아들이라는 것을 의미한다 - 이러한 관점이 받아들여진다면, 이는 전체로서 경험의 해명에 지향해야 한다. 사변적 추론을 통하여 획득되거나 자체 명증으로서 직관되거나 간에 존재에 관한 입장은 지적인 책임에 관심을 지니는 철학자에게서 드러나며, 말하자면 그 원리 - 단순한 가설적 가능성이 아닌 원리 - 에 의하여 실재성의 각각의 면이 해명되는 것이다. 전통적 형이상학에로 나가는 한, 어떤 이런저런 형식에서 존재론은 철학적 탐구의 중심적 부분을 형성한다. 이것은 형이상학 자체라는 확고한 본성으로부터

---

1) "Philosophie als strenge Wissenschaft", Husserl's article in *Logos*, 1910-11.

이끌려지고, 이 형이상학은 모든 중요한 철학적 문제에 대해 해결책을 제공함으로써 사물의 근거에서 어떤 통찰을 근본적으로 포함한다.

II

 자체 완결된 분과로서 제시되는 현상학은 형이상학적으로는 구속되지 않는 태도를 제시한다. 그와 같은 것은 현상학이 초감각적 실재성이라는 확고한 과학의 모든 가능성에 대해 대립하는 반형이상학적 이라는 것을 의미할 필요는 없다. 더구나 그것은 형이상학적 문제로부터 경험분석에로 그 관심 - 대부분은 신중히 그 관심 - 을 전환하려고 한다. 따라서 현상학은 실재적인 것이라는 자연 - 그것은 일상적인 '사실적' 층에서 존재하고, 상술한 비조건적 존재의 '고차의' 층에 존재한다 - 에 관한 모든 전제를 배제하려고 한다. 결과적으로 그것은 일상적으로 받아들여지는 사실적 실재성에서나 "제일원리"의 초월적 실재성에서의 어떤 구속으로부터 어떤 믿음에로의 출발을 이끈다. 다시 말하면 자연주의적 구속이나 형이상학적 구속은 "제일철학"을 위한 현상학자의 기획에 의하여 받아들여질 수 없다.
 그러나 존재적 사실이나 상술한 "제일원리"의 철저한 부인은 그 기획 자체에 마찬가지로 포함되는 것은 아니다. 이러한 관계에서 후설이 사용하는 표현은 전형적인 비구속적 태도, 즉 "괄호침" - 지시관계 하에서 어떠한 대상일 수 있는 실재성의 문제에서 믿음을 의심하는 - 을 해명한다. 물론 그러한 의심은 그 일관성에 있어서 이 무차별적 태도가 사실적으로 부인하는 태도가 아닐 때 발생하는 것이다 - 최소한 고차의 실재성이 관계될 때 발생하는 것이다.

현상학은 '방법론적' 기획을 원본적으로 제기한다. 그것은 자연과 실재의 범주에 관한 진리체계로서보다도 분석노선으로서 이해되는 것이다. 그리고 다시 방법론적으로 그것은 형이상학적 문제와 관련하여 철저하게 비구속적인 것을 제공한다. 심리학적이거나 자연과학적이지 않은 경험분석의 양태로서 현상학은 의미본질에 관련하여 나가려고 한다. 그리고 의미본질은 실재적인 것의 본질로서가 아니라 후설이 "순화된 경험영역"이라고 부르는 '내재적' 본질로서 이해되어야만 하는 것이다. 그것은 내재적 의식의 영역을 넘어선 모든 초월성이 상실된다는 것을 의미한다. 그리고 의식의 본질적 구성은 "지향성"이나 지시적 특성에 있다.

내재적 의식의 영역(본질적으로 "지향적인" 것) 속에서 현상학적 탐구의 주된 문제의 한정과 초월적인 것의 부인은 존재론적 구속의 문제에 직접적으로 관계하는 것이다. 철학적 학문의 정초에 따름으로써 의식의 필증적 명증에 대한 이러한 주장은 '얼핏 보면' 의미함유의 책임으로부터 현상학을 제외하는 것이다. 후자의 책임은 경험 위에서나 배후에 도달하는 인식실체에 대한 논리적 분석의 관점 - 실증주의자인 카르납이나 에이어가 주장하는 것처럼 - 으로부터 발생하는 것이다. 사실의 문제로서 후설은 존재적 사실과 과학의 자연적 법칙에 있어서 일상적 의미의 신념에 대해서 뿐만 아니라 형이상학 자체에 대해서 "판단중지" - "선험적 판단중지" - 라고 일컬어지는 것을 수행한다. 그가 의미하는 것은 순수의식의 현상학적 영역을 확보하기 위한 이념적 선조건으로서 존재적으로 실재의 자연적 신념에 '관계하지 않는' 것이다. 그리고 존재문제에 대한 이러한 의심의 태도는 존재론의 모든 가능한 층에서 명백히 확대되는 것이다.

그러나 경험의 내재성과 의식의 명증성에 대한 방법론적 주장에 관계함으로써 명료성이 더욱 요구되는 것이다. 후설이 경험 - 더구나 '순화된' 경험영역 - 에 의하여 의미하는 것은 어떤 방식에서 '심리학적' 관점으로부터 이해될 수 없다. 물리적 사실을 드러낼 수 있는 것과 관련하여 "경험"은 정신적 사실성의 의미에서 받아들여질 수 없는 것이다. 후설은 현상학과 심리학을 분명하게 구분하려고 하고, 후자는 정신적인 것의 자연과학으로서 필연적으로 존재하는 것이다. 현상학적 탐구대상은 마음의 사실적 내용 - 마음에서 사실적으로 진행되는 것 - 이 아니고, 의식이 관계성의 양태방식에 의하여 관계하는 '이념적' 대상성이다. 따라서 경험이나 의식의 순화된 영역으로서 지시되는 것은 일상적인 심리학적 용어의 의미에서 '정신적' 사실이나 이념을 지시하는 것이 아니다. 더구나 그것은 비사실적 이념성에 대한 "실재성의 자연적" 정위를 의미한다 - 그리고 모든 인식의 초월성은 후자에로 본질적 방식으로 "환원하는" 것이다.

이것은 곧 현상학에 있어서 사실과 본질의 근본적 구분을 우리에게 이끈다. 사실로부터 구분되는 본질의 특수한 상을 특징지움에 있어서 후설은 "비실재적", 즉 중립적 실재성이라고 일컬어지는 것으로서 전자를 다루려고 한다. 물론 후설은 본질의 "형상적 존재"

- 비실재적, 비심리학적, 비자연적인 것으로서 - 에 관계한다. 그리고 그것은 존재론적인 것에 이를 필요는 없지만, 이는 분명히 '존재적' 특성화를 지닌다. "존재적"(ontic)과 "존재론적"(ontological) 간의 구분은 용어의 역할에서 받아들여지는 것이 아니다; 그것은 실재적 중요성을 지닌다. 전적으로 심리학적 근원에서 이끌려지는 이념성을 해명하는 '심리주의적' 경향에 대립함으로써 후설은 그것의 초정신적 특성을 주장한다 - 심지어 그것의 외연에서 플라톤(Platon)적 "형상"(Eidos)과 짝을 이루게 된다. 그러나 본질의 '선험'적 요소를 인식하기 위하여 초월적 실재의 주장과 일치할 필요는 없다. 왜냐하면 결국 그것은 경험 가능성을 위한 조건으로 유효하기 때문이다 - 그리하여 필연적으로 의식의 허구적 관련성의 구조에서 또한 주관적으로 의미된다.

Ⅲ

그것은 "존재론"이라는 표현이 어떻게 현상학적 철학 - 그리고 단지 그 맥락 - 에서 발생되는가를 지적하는데 관심이 있다. 그와 같은 "존재론"이라는 표현이 "현상학"의 반존재론적 관점에 대하여 더욱 나갈 수 있는 방법도 숙고할 가치가 있다. 일차적인 예를 취하면 존재론의 개념은 "형식적 존재론"(Formal Ontology)이라는 개념으로서 후설의 논리철학에서 발생한다. 이미 형식논리학의 후설의 해명과 비판에서 분명한 국면이 구성되었다; 술어적 판단의 순수형식을 다루는 순수형식적 분석과 상관관계를 지님으로써 우리는 형식논리학을 언급할 수 있다. 왜냐하면 후설이 주장하는 것처럼 과학의 형식적 이론으로서 분석적인 것은 동시에 "존재적으로 지향된 것이며, 그것의 '아프리오리한' 일반성에 의해 '존재론적인' 것이기 때문이다. 따라서 원본적 이행에 있어서 형식논리학은 일반적 판단에 지향된 것이고, 형식적인 범주적 유형을 받아들이는 것이다; 다른 국면에서 그와 같은 논리학은 일반적으로 대상성에 지향되고 있고, 그리하여 "형식적 존재론"의 유형을 추정한다.

그러나 형식적 존재론의 후설의 공식화에서 지적되는 것은 그 자체의 진리층을 정립함으로써 그 자체에 의해 분명한 이론으로서 제기되는 것이 아니다. 형식적 존재론은 명제적 형식의 논리적 영역 - "일반적으로 영역의 공허한 형식"을 지니는 그것의 주제적 문제 - 의 위에 그리고 넘어서 영역 자체에 대해 존재한다. 형식논리학에 대한 형식적-범주적 논리학의 변형은 후설이 "범주적 태도"(apophantic attitude)를 "존재론적" 태도라고 부르는 것으로부터의 이행을 통하여 획득되는 것이다. 순수논리학으로부터 나가는 존재론적 태도의 가능성에 대한 이러한 승인은 기껏해야 일반적인 대상의 존재적 지향에 대한 범주적 논리학 영역의 가능한 확장으로 이해될 수 있다. 그러나 이것은 논리적 형식과 수학적 형식에 관계된 플라톤적 경향은 [논리연구] 이래로 후설에 있어서 아주 두드러지지만, 논리적 형식의 '존재론화'로서 이해할 필요는 없는 것이다. 사실 상술한 "형식논리학"은 진정한 철학적 논리학, 즉 후설이 그것을 기획하여 제시하는 것처럼 "선험적 논리학"의 해명에 있어서 단지 이론적으로 '가능한' 중간 단계로서 특징지워진다.

아마도 후설의 체계에서 존재론 개념 보다도 결정적인 사용은 "영역적 존재론"이라는 표현으로 드러난다. 현상학적 간취와 방법으로부터 나아감으로써 후설은 각각의 경험영역으로부터 발생하는 각 영역에 관한 구성적 현상학, 즉 "현상학적 구성"의 중심적 주제를 발전시킨다. "구성"의 문제는 "현상"으로서 의식에 있어서 대상형성에 대한 "지향성"의 개념을 확장하려고 한다.[2] 의식의 구성하는 능동성에 의하여 선험적 그리고 반심리학적인 것으로서 지향된 세계의 의미통일을 이해하는 것이다.[3]

이제 상술한 영역적 존재론이 진정한 존재론적 틀에 직면하는가? 우리가 단지 명명자에 의하여 잘못 이끌려진다면, 우리는 진정한 형이상학적인 언설로부터 가정적으로 구분된 개념에 대한 통찰을 거의 상실한다. 그러한 구성의 관점은 모든 현상학적 탐구 자체의 부인이고, 즉 대상 자체나 존재 자체보다도 대상의 인식가능 조건의 부인이다. 더구나 후설이 분명하게 지적하는 것처럼 선험적 현상학은 구성하는 의식의 현상학이고, 그래서 유일한 객관적 공리 - 그것에 속하는 공리 - 는 그것에 속하지 않는다.[4]

후설철학에 있어서 "영역적 존재론"의 이러한 상주하는 개념은 '현존재'(Dasein)에 관한 하이데거(Heidegger)에 의하여 가장 진지하게 받아들여졌다는 것이 이러한 맥락에서 더욱 지적될 수

---

2) 후설의 [이념들 2]는 "구성에 대한 현상학적 탐구주제"를 지닌다. 즉 "객관적 대상"과 그것의 "선험적 구성"의 문제를 지닌다.
3) "영역적 존재론"이나 "영역적 구성"의 개념 - 특히 후설의 과학철학의 맥락에서 - 의 충실한 함유에 대하여서는 제 6 장 참조.
4) Husserl's manuscript in Walter Biemel's Introduction to Husserl's *Die Idee der Phänomenologie*(Husserliana, Band II) 재인용.

있다. 그리고 사실성으로 현존재를 받아들임으로써 인간주체에 관한 영역적 존재론은 실존철학으로 발전된 하이데거의 유형에서 철저하게 존재론적으로 지향된다. 후설이 경험분석에서 '이론적' 영역을 지니는 것은 하이데거사상에서의 존재문제에 대한 중요한 열쇠를 변형한 것이다. 따라서 후설의 "정신"에 대한 영역 - "인격"의 범주 하에 포함된 - 은 하이데거에 있어서 의식의 명증적 현상의 넓은 영역의 이론적인 가능성을 더이상 지시하지는 않지만, 그것은 존재(Being)의 문제에 대한 모든 색인(index)을 제공한다.(사실 후설도 의식의 선험적 현상학이 인간 실재성의 주변에 중심을 두는 "인간학"anthropologism에 기울 수 있다는 가능성을 예리하게 인식하였다).

IV

두 가지 문제는 존재론적 구속의 문제가 거의 피할 수 없는 문제라는 점에서 더욱 지적될 수 있다. 아주 상관적으로 발생되는 문제의 한정적인 경우는 "본질"의 상의 문제이다. 본질은 실재성을 배거함으로써 인식 가능한 것인가? 이제 그것은 두 층 - 경험의 자연적 사실의 층 또는 확고하게 비조건화된 존재의 층 - 양자에서 실재적일 수 있다. 양 본질은 '자연화된' 것으로서 - 사실적 경험의 실재적 '본질'로서 - 보여지는 것이다; 또한 그것은 존재화된 것으로서 - 고차적 질서의 비사실적 실재성으로서 - 있다. 현상학은 이 두 층의 양자에 그 자체를 구속하지 않는다.

그러나 본질로서 의미된 상술한 '이념적' 대상 때문에 어떤 의식이 발생되는 것은 "그것이 거기에 '있다'"는 것으로서 모든 것을 배제하는 것과 관계가 있다. 이제 각기 개별적인 것으로서 - 어떤 단칭적 용어의 경우에서처럼 - 받아들여지는 확고한 본질에 관한 진술의미는 용어에 의해서 명명된 '실체'를 전제할 필요가 없다. 콰인(Quine)이 지적하는 것처럼 "단칭적 용어는 의미를 지니는 것으로 명명할 필요가 없다"5) 프레게(Frege)의 분석도 심지어 대상의 진정한 명명인 단칭적 용어에 의해서 어떻게 의미와 명명이 다를 수 있는가를 충분히 진술하고 있다.("아침의 별"과 "저녁의 별" 등의 예).

현상학적 본질에로 전환함에 있어서 그것은 명명된 또는 의미된 '대상'이라기 보다는 순수'의미'를 드러낸다고 할 수 있다. 그리고 후자의 경우에 있어서만 "거기에 있다"에 의하여 우리는 한정적으로 언급할 수 있고, 전자의 경우에서는 그렇지 않다. 현상학이 경험비판을 수행하는 한, 사실로서나 초사실로서 경험(또는 경험의 배후)의 이념적 함유를 정립할 필요는 없다. 그것의 방법론적 관점은 부여된(entitative) 용어에서 단언되는 현상에 의해서가 아니라 반성하는 의식 자체에서 확실한 명증에 의해 주어지는 것이다. 적절히 말하면 심리학적으로 지향되기보다도 '인식론적으로' 지향된 현상학은 인식의 본질원리를 제시하려고 한다; 그리고 그것은 모든 경험적 지시관계가 의심스럽게 유지될 때만 발생하는 것이다.

단지 경험적 지시관계만이 의심스러운 것은 아니다. 후설은 선

---

5) W. V. Quine, "On What there Is", *From a Logical Point of View*, Ch. I.

험적 현상학이 '아프리오리한' 존재론, "어떤 종류의 아프리오리한 실재적 존재론"6)과 전혀 관계가 없다고 아주 분명하게 지적한다. 사실 순수인식론적, "선험적" 관심은 객관적 존재와 객관적 존재에 관한 진리의 현시에 있지 않다. 그에 반하여 심지어 "현상학적 구성"의 전형적 문제 - 후설 철학의 구성적 국면에서 중심적인 주제 - 는 각각의 경험의 "객관적 영역"에 의하여 의식에서 대상 자체가 어떻게 '구성되는가'라는 문제에 관계하고 있다. 그리하여 지향성의 개념은 지향하는 의식에서 대상성의 형성의 영역에로 확장된다. 후설이 문제의 본질을 제기하는 것과 같이 그것은 "의식에서의 존재해명"(die Auflösung des Seins in Bewuβtsein)이다. 선험적 현상학의 모든 관심은 구성하는 의식 자체에로 귀환하는 것이다 - 또한 후설이 그것을 간단히 표현하는 것처럼, "의식으로서 의식"(consciousness as consciousness)에로 귀환하는 것이다. 그리고 여기서 강조되어지는 것은 유일한 "객관적 공리" - 그와 같은 대상에 속하는 것은 의식이 아니다 - 가 구성적 현상학의 일부분일 수 없다는 것이다.7)

그러나 이러한 점에서 그것은 더욱 해명될 수 없는 문제를 지닌다 - 그리고 우리는 현상학적 관점 자체의 정초를 지니고 그것을 받아들인다. 그것은 의식의 본성과 상, 다른 용어로 말하면 "선험적 주관성"에 관한 문제이다. 후설 자신은 의식에 대한 존재론적 문제에 관해 침묵하고, 의식을 특징지우기 위하여 보다더 비구속적 표현, 즉 "현상학적 잔여"를 드러낸다. 후자는 모든 현

---

6) *Die Idee der Phänomenologie*의 비멜 서문 참조.
7) *Ibid.*

상학적 환원을 수행한 후에 이념적으로 남는 것이며, 그 자체로 환원될 수 없는 지시관계의 최종적 층으로 남는 것이다. 우리는 어떻게 그 밖의 다른 방식으로 지속적인 현상학적 관점으로부터 의식을 언급할 수 있는가? 왜냐하면 결국 "허구"의 관점은 현상학적 탐구에서 어떤 중심으로 지배하기 때문이다.

이미 문제는 후설현상학의 지평에서 지속적으로 거대하게 드러난다. "자율적 영역"으로서, 기능하는 주관성으로서 주관성의 기술을 숙고함으로써 그리고 궁극적으로 세계의미이나 구성의 근거로서 주관성을 숙고함으로써 의식의 존재론적 상의 문제는 어렵사리 모두 보류되는 것으로 여겨진다. 후설 자신은 모든 존재의미를 구성하는 근거로서 의식을 숙고하지 않는가? 따라서 이러한 방식에 관련된 그와 같은 원리 - '힘의 순환'(tour de force)을 통하여 배제된 - 를 더욱 개선할 수 있는 것으로 여겨지는 것은 그 자체가 존재와 분리되는 것이다. 현상학의 뛰어난 해석자인 테브나즈(Thévenaz)는 다음과 같이 언급한다: 선험적 방향에서 모든 인식의 철저한 원본적인 정초에 대한 탐구를 제기함으로써 후설철학은 "존재의 일반이론, 존재론을 요구한다."[8]

V

현상학적 탐구에 잠재되어 있는 존재론적 관심은 거의 부인할

---

8) Pierre Thévenaz, *What is Phenomenology?*(Quadrangle).

수 없다. 이미 철학함에 있어서 가장 초기의 국면에서, 즉 형식논리학의 비판과 철학적 논리학의 해명에서 후설은 "형식적 존재론"이라는 표현을 사용하고 있다.[9] 형식적 존재론은 단지 논리적 형식의 어떤 '존재론화'를 설명하려는 것이 아니라 우선 순수분석적 논리학으로부터 선험적 논리학에로 나아감으로써 이론적으로 가능한 중간 단계를 드러낸다. "영역적 존재론"의 보다 한정적인 표현에 이르러 다시 존재론의 개념은 구성의 관점으로부터 순수하게 사용된다. 그리고 후자는 궁극적 분석에서 대상 자체나 그 자체 내에 존재하는 것에 속하기 보다는 확실히 대상인식의 가능성에 대한 조건에 속한다. 따라서 "존재론"이라는 표현의 이러한 사용은 진정한 형이상학적 언설로부터 제외된 어떤 것으로 받아들여질 수 있다.

그러나 우리가 후설의 가장 후기의 국면에 이르게 됨으로써 상술한 존재론적 관심은 새로운 형이상학의 방향에서, 이념주의적 형태를 실증적으로 받아들이는 경향을 지닌 형이상학의 방향에서 - 아마도 일관성의 내적 요구를 통하여 - 더욱 다양화되고 있다. 마찬가지로 [데카르트적 성찰]에서 후설은 심지어 그와 같은 순수자아론적 관점으로부터 분리된 의식에 대한 존재론적 상을 전혀 요구하지 않는다. 존재론적 다양성의 요구가 지니는 것은 후설의 최후의 저작, 즉 [유럽학문의 위기와 선험적 현상학]에서 보다더 언급되는 것으로 여겨진다. 후자에 있어서 선험적 주관성은 모든 세계구성의 근거로 드러나고 있다.

현상학에 다소 함유된 이 모든 존재론적 경향에도 불구하고, 문

---

9) Husserl, *Formale und transcendenatale Logik* 참조. 이 글의 제 3 장 참조.

제가 되는 "존재"는 스콜라적 존재론이나 헤겔적 존재론에 있어서의 존재와는 아주 다른 것이다. 의식의 관념론적 형이상학 - 데카르트적 또는 헤겔적 형이상학이다 - 의 방향에서 의심할 여지없이 확립된 전선(arrow-head)에 의하여 현상학은 다른 방식으로 거의 불필요하게 지녀야 하는 존재론적 선취를 간단히 포기한다. 진리의 해명에서 명증적인 것을 지니는 원본적인 목적, 선험성에 경험이 관계하는(경험은 원리적으로 후설이 "생활세계"라고 부르는 형식에서) 원본적인 방법론적 목적, 존재론적 관점의 궁극적 수용을 의심함으로써 확실하게 지속되는 방식이다. 실증적으로 진술하면, 형이상학적 관점의 문제는 어떤 '개방된' 문제로서 유지되고 있다. 그리고 그것이 그렇게 있을 수 있는 것은 사변적 이론의 연역적 체계와 다르기 때문이며, 현상학은 실재로서 받아들여진 것에 대한 어떤 전제로부터 출발하지 않는다; 현상학은 형이상학적 진리의 자체 완결적 체계에로 연역적으로 나가기 위하여 그러한 전제를 지니지 않는다. 그에 반하여 현상학은 "근원에 돌아가는, 뒤돌아 서서 말하는 즉 보는" - 바이스만(Waismann)이 철학의 이념에서 표현한 것처럼10) - 접근을 더욱 받아들인다.

VI

현상학이 전통적 의미에서 독단적 존재론의 책임으로부터 면

---

10) F. Waismann, "How I see Philosophy", *Contemporary Britisch Philosophy*, Third Series.

제된다면, 그것은 여전히 그 방법과 기획에 의해 독단주의의 책임을 면할 수 없게 된다. 후설은 그의 새로운 분과에 대해 모든 인식정초로서 "절대적 확실성"이라는 목적을 확립하기 때문에, 철학은 엄밀학의 확고한 길로 전환될 수 있다. 이것은 철학함에 있어서 수학적 편견 - 데카르트가 두드러지게 지닌 - 을 명증적으로 반성한다. 그러나 이것은 예비적인 목적이고, 더구나 야심적인 것으로 드러나는 것은 이성적 형이상학의 공리적-연역적 노선에 대한 그의 철학의 틀을 이끌기 위해 잘못 받아들일 필요는 없다. 이것은 전제로부터 자유로운 새로운 근거에 관한 의식, 인식과 경험에 대한 탐구에서 대부분 선조건으로서 작용하는 것으로 간주될 수 있는 방법론적 신념으로 보다더 잘 이해될 수 있다(심지어 흄은 "인간본성의 학"을 구현하려는 시도에서 그의 새로운 "경험적 방법"을 믿었다).

이것은 현상학적 분과에서 대부분의 기본적인 개념을 드러내는 결과적 입장과 주제에 대한 강조 보다도 '방법론적' 맥락에 대한 강조이다. 그것은 이러한 관계에서 철학적 이론의 두 가지 기본적인 개념의 사용을 분명하게 구분하는데 특히 유용할 것이다. 오이겐 핑크(Eugen Fink)에 의해 적절하게 이루어진 구분을 받아들인다면, 후설현상학의 엄밀한 비판, 어떤 체계에서 확실한 중심적 개념은 "작용적인" 것으로 간주될 때, 다른 것은 "주제적"이다.[11] 작용적 개념은 사유결과로서 단언되기 보다는 사고작용을 통한 개념적 매체로서 사유에 전제된 것이다. 철학적 사고

---

11) E. Fink, "Operative Begriffe in Husserls Phänomenologie", *Zeitschrift für philosophische Forschung*, XI, 3. 1957.

에 존재하는 주제 자체 대신에 그것은 사유의 "작용적 음영"(operative shades)으로서 보다더 작용한다. 우리는 작용적 개념의 매체를 통하여 주제에 지향하고 있다.

현상학적 체계(모든 것에서 그것이 체계로 불릴 수 있다면)에서 위에서 언급한 작용적 개념은 "현상", "판단중지", "구성", "선험적 논리학"의 개념에 의해 쉽게 직면할 수 있다. 이러한 모든 개념에 대해서처럼 우리는 단지 '주제적'으로, 즉 사유 자체가 고정화된 개념으로 단순히 인식할 수 있다. 그러나 핑크가 언급한 것처럼, 그것은 "주제적으로 명료화되기 보다는 더욱 작용적으로 사용되는" 것이며, 그와 마찬가지로 그것은 여전히 "개방된" 문제 전체를 제시한다. 이러한 의미에서 조금더 확장된 핑크의 공식화는 우리가 존재나 모든 존재적 상에 대한 현상학자의 지시관계 - "형식적 존재론", "영역적 존재론", 일반적인 '존재의 미'나 형상적 존재유형에 그것이 있다 - 는 주제적 맥락에서 보다는 '작용적' 맥락에서 해명될 수 있다.

그러나 후설의 사유에 잠재된 존재론의 개념은 그의 철학, 즉 선험적 주관성의 정초적 주제에 도달하려고 함으로써 작용적 음영, 이해의 매체로 보다더 제공된다. 그럼에도 불구하고 그것은 항상 어떤 긴장, 말하자면 사유의 작용적 전제와 주제 자체에 긴장이 항상 유지되기 때문에 작용적 개념 자체는 그것의 전환에서 주제화되는 것이다. 한편으로 존재개념은 철학의 중심적 주제를 형성하기 위한 작용적 매체로서 단순히 제공된다; 다른 한편으로 그것은 주제로서 단언되고 있는 개념 자체에 대한 파생이다. 결과적으로 개념의 이 두 방향간의 해결되지 않은 대립 - 그리고 결국 이러한 은폐된 변증법 - 은 현상학적 철학 속에서 유지되고 있다.

또 다른 존재론적 관점의 기준은 이러한 맥락에서 여전히 숙고할 가치가 있다. 존재론을 받아들임에 있어서 우리는 어떤 거리에서 단지 사물에 대한 봄이 '가능한' 방식을 수용하는 것이 아니다. 그것을 받아들이는 것은 모든 경험, 심지어 가장 일상적인 경험이 해석된 - 해석되어야만 하는 - 지시관계에 의하여 존재의 특수한 원리에 우리 자신을 구속하는 것을 의미할 뿐만 아니라 근본적인 개념적 틀에 우리 자신을 구속하는 것을 의미한다. 현상학은 결정적으로 정립되지 않는다면, 그와 같은 개념적 틀을 전제하는가? 아마도 분명하게 "아니다"할 때 직면하는 문제는 사변적 국면에 가까운 현상학적 철학 - 최소한 그의 후기의 저작인 [위기] 등에서 - 을 후기의 후설은 지니지 않는다는 것이다. 그러나 현상학적 철학에서 그는 철저한 구성적 현상학의 자연적 산물로서 '목적론적' 간취 - 자기이해(Selbstverstänndnis)를 수행하는 인간의 이성적 본질에서 본래적인 "목적"(telos) - 에 대하여 극에 달하는 경향을 보여주고 있다.[12] 그러한 단계에서 중심적인 개념은 "작용하는 주관성"(leistende Subjektivität)이고, 이것은 결국 "세계구성"을 입증하고, 따라서 "절대적 주관성"이라는 표제를 획득한다.

사실 후설은 그러한 주관성에 속하는 것으로서 "존재의 필연적인 구체적 방식"을 더욱 언급한다; 그리고 그가 단언하는 철학의 최고의 임무는 세계구성의 선험적 삶(transzendentales Leben)의 존

---

12) *Krisis*, §73 참조.

재방식을 드러내는 것이다 - 이러한 드러냄은 세계라는 자연적 세계의 이해에 새로운 의미를 부여하는 것이다.13) 더구나 그것은 후설의 사유에서 제시되는 실증적으로 형이상학적인 긴장을 분명하게 보여주는 것으로 여겨질 때, 심지어 그것은 그가 "불변적인" 삶으로서 "선험적 삶"을 특징 지우려고 하는 것이다.14) 그러나 그와 같은 특성화는 형이상학적 언설로 기억되어야 하고, 받아들일 필요는 없다; 그것은 선험적 주관성이라는 현상학적으로 불가피한 상에 관한 진술로 더욱 받아들여지는 것이다. 후설이 그것을 아주 범주적으로 진술한 것처럼 선험적인 근원적 삶이 소멸한다는 것은 아무런 의미를 지니지 않는다. 이러한 근본적인 현상학적 주장은 초월적 실재성에 관한 사변적 형이상학의 일부분에 대해 마찬가지의 실수를 범하는 것이 아니다.

그와 같이 분명한 형이상학적 경향을 넘어서는 방식은 방법론적 접근을 다시 올바르게 이해할 수 있는 것이고, 그것에 의하여 모든 사물의 봄은 최소한 개략적으로 - 심지어 현상학적 관점으로부터 - 가능하게 되는 것이다. 선험적 주관성은 원리의 층을 고양함으로써 의심할 여지없이 드러나고, 이러한 원리는 단지 모든 세계해명의 중심, 일상적인 선과학적 경험(후설이 "생활세계"라는 표현으로서 지시하는 것)으로부터 발생하는 시원을 제공할 뿐이다. 그러나 심지어 그러한 입장은 고정된 존재론으로부터 자체 완결적인 개념적 틀을 이끌지 않고, 경험의 모든 국면을 짜 맞추지 않고, 심지어 해명의 모든 파악의 틀에서 진부한 것을 그것에

---

13) *Ibid.*, p. 275.
14) Husserl's *Manuskript*, k Ⅲ 6 참조.

의해 획득한다.

 기껏해야(또는 가장 나쁘게 말하면!) 현상학은 근접한 목적론적 해명의 체계에서 그 자체를 상실함으로써 언급될 수 있고, 이것의 중심에서 선험적 주관성의 근본적 원리가 확립된다. 그러나 그와 같은 경우 현상학의 진보는 전도된 지향에서 더욱 이루어진다. 따라서 그것의 과정은 심지어 잠재하는 존재관을 수용함으로써 이끌려지는 것이 아니고, 일상적 경험의 선반성적 세계의 단서를 취함으로써 의식에서 중립화된 표상의 배후의 본질성을 추적하는 것이다. 그리고 탐구의 모든 노선은 선험적 주관성이라는 지속적으로 "작용하는" 원리에로 귀환한다. 물론 후자에 대해서처럼 현상학자의 궁극적 난점은 거기에 있다 - 현상학적 철학의 난문은 계속되는 혼란과 관련되어 있다. 그리고 아마도 그것은 이러한 모든 혼란을 통하여 그 자체가 손상되지 않고 유지될 수 있다.

VII

 우리가 지속한 논의로부터 그것은 현상학적 철학의 충실한 평가를 받아들임으로써 이제 명증적으로 드러나며, "존재론적 전제"의 어떤 요소가 거의 제거되지 않는다. 그러나 그것은 현상학 자체의 모든 본성에 속하고, 그것의 방법론적 간취를 넘어서 그리고 그 위에서 어떤 것으로서 숙고될 필요는 없다. 존재론적 지평 가능성은 개방된 지평 - 비사실적으로 가능한 것, 사실성이 아닌 것 - 으로 유지된다.15) 특히 논리철학의 맥락에서 후설은 "존재론적 태도" - 이는 이론적으로 가능한 태도이지만, 필연적으로 현상학적 태도와 분리되지 않는 태도이다 - 에 대하여 어떤 여지를 조금도 지니지 않는다. 현상학적 태도나 선험적 태도는 존재론적 태도 - 또는 심지어 그 외의 태도 - 와 복합'될 수' 있다 - 또한 그렇지 않을 수 있다. 그리고 후자의 선택이 현상학의 진정한 특성에 영향을 미치지 않는 한, 후자는 경험분석의 방법론적 기획, 의식비판을 원본적으로 유지하는 것으로서 결정된다.

후설의 진정한 관점에 접근함에 있어서 우리는 심지어 한 단계 더 나가고, 후설은 사실적으로 "형이상학을 넘어서" 나간다고 주장할 수 있다. 우리가 존재구조의 정초에 관계하지 않고, '인식' 정초에 관계하는 한, 현상학의 구조 속에서 형이상학을 언급할 수 있다. 테브나즈가 언급한 것처럼 "형이상학은 메타노에틱스(metanoetics)에서 철저하게 초월적인 것이다."16) 궁극적 분석에서 현상학은 인식과 경험의 가능 조건에 대한 탐구 - 그리고 개방된 탐구 - 를 지닌다. 어떠한 존재론도 그와 같은 탐구를 포함하고 있는 것으로 여겨지고, 그것은 가능한 원리(비트겐슈타인의 의미에서 어떤 것)로서 최소한 '보여질 수' 있지만, 원리로서 처방되지 않는다. "기술"과 "규정"간의 분명한 구분은 결국 거의 해명할 수 없는 것이다. 왜냐하면 그 구분은 단지 기능적인 구분이기보다는 근본적인 구분이기 때문이다.

성찰에서 지적되는 이러한 모든 것을 받아들임으로써 우리는

---

15) *Form. u. tr. Logik*, §41.
16) Thévenaz, p. 148.

균형을 유지하는 줄타기 광대, 말하자면 탄탄한 줄 - 즉 현상학적 중립성의 줄 - 이라는 상을 정립하는 것이 거의 증진되고 있다. 경험의 충실한 줄을 타는 탐구자는 한편으로 자연주의적 신념의 두 극과 다른 한편으로 존재론적 구속간에 놓여있는 날카로운 극을 조심스러운 방식으로 거릴 것이다.

제 8 장

결 론

이제까지의 글들로부터 어떤 문제가 발생하고, 이 문제는 다음과 같이 결론적으로 지적할 수 있다.

1. 현상학은 철학적 탐구에 새로운 방법론을 제공한다; 그리고 그 접근은 비형이상학적인 만큼 비경험적이다. 왜냐하면 그 접근의 이론적 근거는 경험과 초험을 관계지우려고 시도하기 때문이다. 현상학적 탐구방법은 과학적 방법과 분리되고 마찬가지로 논리적 영역의 일상적인 철학적 방법과 분리된다.

1.1 흔히 철학적 탐구에서 형성된 추론방법은 논리적-연역적으로 넓게 특징지워질 수 있다. 그리고 이러한 맥락에서 형식논리학 - 현대적 의미와 마찬가지로 전통적 의미 - 의 요구가 필연적으로 발생한다. 그래서 우리는 현상학적 관점으로부터 형식논리학의 비판적 평가를 숙고하는 것이다.(제 3 장 참조) - 철학적 탐구의 정당한 매개물로서 제공되는 그것의 비충전성을 숙고하는 것이다. 전통적인 형이상학의 추론에서 우리는 초월적, 즉 경험적으로 입증할 수 없는 개념을 가로지르는데, 이 개념은 경험적 사실을 유효하게 지닌다. 이러한 개념 - 또는 이러한 개념에 관계하는 한정적 개념 - 은 논리적으로 해명할 수 있는 어떤 경험적 진

제로서 전통적인 객관적-형이상학적 추론에서 사용되는 것이다.

1.2 그와 같이 사실영역에 대한 어떤 개념이나 그것의 진술로부터 독단적인 절차 - 다른 한편으로 논리적으로 분명한 것으로 정립되는 것 - 는 경험해명의 문제에서 더욱 독단적인 것으로 입증된다. 이것은 어떻게 객관적인 초월적 형이상학이 이끌려질 수 있는가에 대한 해명이다. 그러나 여기서 경험에 관한 전제적 개념을 이해하려는 모든 목적이 - 즉 경험을 유효하게 지님으로써 - 직면되어지는 것은 아니다. 다시 말하면 이러한 접근은 상술한 경험과 초험의 문제에 이를 수 없다.

1.3 또한 자연과학의 영역에 이름으로써 우리는 철학함의 일상적인 전통적 방법, 즉 논리적-연역적 방법을 대단히 공유하고 있는 절차를 볼 수 있다. 단지 과학적 방법은 가설과 경험적 검증의 공식을 지님으로써 논리적 연역을 복합하는 것이다. 과학의 가설적-연역적 방법은 사실이나 사실의 집단 중의 또는 법칙과 사실 간의 관계의 객관적 결정을 노리고 있다. 그러나 과학에 있어서 경험적 일반화에 속하는 결론의 필연성은 객관적 방향 - 그와 같은 인식기능과 관계된 독립적 존재 - 에서 함께 획득되는 것이다. 결과적으로 경험적 일반화에 근거한 소여와 어떤 결론간의 상관관계는 소여로부터 결론에로 이행하는 주관적 작용에 의하여 구성되는 것으로 이해될 수 없다.

2.1 일상적인 논리적 방법과 과학적 방법의 비충전성은 전제에 경험을 관계지우는 문제에서 현상학의 차별적 접근을 이끈다. 이러한 선택적 접근은 그것으로 '부터' 보다도 전제 '에로' 나간다. 따라서 인식과 경험의 전제는 - 인식과 경험을 가능하게 하는 이

것은 - 그 자체를 추적해 들어감으로써 드러나는 것이다. 그리고 전제를 추적하는 과정은 주어진 것으로서 경험의 층으로부터 정당하게 출발한다. 결과적으로 추론의 새로운 층 - 전통적인 형식적-객관적 논리학과 분명히 구분되는 - 이 출현하는 것으로 여겨진다. 이 논리학은 우리가 후설에 의하여 제기한 또 다른 논리학, 즉 "선험논리학"을 숙고하도록 이끈다.(제 3 장 참조).[1]

2.2 이제 함유나 수반의 일상적인 논리적 관계는 그것이 전제나 가능 조건에 의하여 이념적 전제와 다양한 경험간에서 획득되는 추정된 관계를 동등한 것으로 간주할 수 없다. 물론 결론을 수반하는 일련의 전제의 경우에 있어서 전자는 후자와 관련함으로써 전제로서 언급될 수 있다. 그러나 그것은 우리가 전제로서 지니고 출발하는 것이며, 그것의 전제적 특성은 그것으로부터 이끌려진 결론에 의해서만 분명하게 결정되는 것이다.

2.3 경험으로부터 전제를 추적함에 있어서 다른 한편으로 우리는 전제 자체에서 출발하지 않고, 그러기 보다는 전제 자체가 함유한 주어진 것에서 출발한다. 어떤 의미에서 우리는 경험에 주어진 것의 유형에서 결론을 지니고 출발하며, 전제에 역으로 이행하고, 말하자면 그러한 결론, 즉 주어진 대상으로부터 이행하고, 수반될 수 있다. 물론 심지어 이러한 특성화는 무엇인가 잘못 이끌려진 것으로 입증될 수 있다. 왜냐하면 논리적 추론은 사실적 층으로 이행하고, 이 층의 소여와 결론은 마찬가지로 일상적이기 때문이다; 또한 그것은 상징적 형식의 층에서 순수하게 작

---

[1] 또한 저자의 글 "On Transcendental Method": in *The Philosophical Quarterly*, January 1965(India) 참조.

용한다. 다른 한편으로 제기되는 방법의 경우에서 지향되는 것은 주어진 사실로부터 비사실적 본질에로의 이행이다.2)

3.1 현상학적 접근에 있어서 강조는 보다 형식적인 분석과 연역, 외부 경험에로, 의식 자체 의미의 방향에서 영향을 받는 반성적 분석에로 명증적으로 이행하는 것이다. 칸트가 "논리적 반성"으로부터 구분하여 "선험적 반성"3)이라고 일컫는 것이 여기서 드러나게 된다. 칸트에 따르면 논리적 반성은 주어진 표상이 근원적으로 속하는 인식의 상관적 능력을 해명하지 않음으로써 주어진 표상의 단순한 비교작용을 한다. 다른 한편으로 선험적 반성은 각각의 표상의 객관적 비교가 가능한 근거에 지향하는 것이다. 그와 같이 그것은 논리적 반성으로서 인식의 동일한 능력에 속하는 것으로 간주될 수 없다. 그러한 반성이 판단에 의해 함유하는 것은 주어진 개념이 속하는 인식능력의 구분이다.4) 이 동일한 구분의 원리는 현상학적 환원방법에서도 넓게 수행되는데, 이때 후자가 시원의 각각의 능력에서 주어진 표상을 추적해 들어가는 것이다.

3.2 이러한·추론노선 - "추론"이라는 용어는 단지 형식적-연역적 추론과 귀납적 추론이라는 그것의 좁은 의미에서 사용되는 것이 아니다 - 은 소여의 내적 근거로서 결론지워질 수 있다. 주어진 다양성이 의미하는 것(어떤 방식에서 결론으로 제공되는 것)은 의식에서 지향하는 대상성에 근거하는 것으로 보여지는 것이다; 그리고 그러한 파악은 소여의 방법론적인 주관적 심화를 통

---

2) *Ibid.*
3) *Kritik der reine Vernuft*, Elementarlehre, Ⅱ. Teil, I. Abt., Ⅱ. Buch, Anhang 참조.
4) *Ibid.*

하여 가능하다.5) 그러한 현상학적 용어로 상술한 "선험적 논리학"의 이론적 근거를 확립함으로써 논리적 형식은 그 형식에 속하는 소여 방식이 발생하는 의식의 기능성에 의해 해명되어진다. 의미를 부여하는 의식에서 이러한 소여는 상술한 명증을 구성하는 것으로서만 간주되어지고, 이러한 근거에서 이념성이 정립될 수 있다. 따라서 의식의 명증적 기능성에서 "근원적 구성"은 후설에 의하여 사유의 논리적 형식과 보편성에 속하는 이념적 대상성의 정초로서 간주되고 있다.

3.3 사고구조에 대한 이러한 인식론적-발생론적 접근은 현상학적 직관주의를 충실하게 이끄는 것이다. 후설이 인식은 통찰이다 (Erkentnis ist Einsicht)6)고 단언할 때, 주관주의의 방향의 중심점을 지시하는 것이다. 궁극적 분석에서 구성의 제거, 가설, 인식의 제거는 직관을 이끈다. 이러한 직관의 근원은 그것의 명증적 진리와 확실성의 특성을 인식에 부여할 수 있다. 그러나 상술한 그 자체의 가치를 지니는 통찰과 직관은 결코 단순한 내성작용으로서 간주될 수 없다.7)

3.4 현상학적 직관주의는 어떠한 경우에도 신비주의를 포함하지 않는다.8) 그와 같은 직관주의는 어떤 종류의 아로기즘 (alogism)에 의한 이성적 탐구에 굴복하지 않는다 - 그것은 베르그송(Bergson)의 반지성주의 또는 실존적 비이성주의나 넓게는 종교적 신비주의이다. 왜냐하면 현상학은 과학적 정초의 명료화

---

5) Bhattacharyya, *Studies in Phenomenology*, Vol. II(14-Appendix) 참조.
6) *Ideen* III, p. 96.
7) *Ibid*. 주 참조.
8) *Ibid* 참조.

라는 인식해명에 일차적으로 그리고 최종적으로 관심을 지니기 때문이다. 우리가 숙고했던 것처럼 과학이라는 현상학적 철학 - 선험적 논리학 자체와 같이 - 은 지적 인식의 각각의 체계에서 과학의 명증적 발생에로 전환하는 것이다. 심지어 후설이 "모든 방관자 중의 방관자"로서 순수의식 - 현상학적 해명에서 사실상 "제일원리", 현상학적으로 더이상 환원될 수 없이 그 자체로 존재하는 것 - 에 대해 언급할 때, 확고한 "경이"는 현상학의 본질적 방식에 대한 분석의 주제가 됨으로써 더이상 유지될 수 없다고 그는 동시에 고찰한다. "경이"로서 최초에 드러나는 것은 면밀한 연구에서 "과학의 구조 속에서 문제가 되는 것"으로 입증되며 그리고 결과적으로 이해할 수 있는 것으로서 입증된다 - 상술한 "경이"는 확실하게 파악할 수 없다.9)

4.1 그러나 현상학적 맥락에서 "직관"개념은 이성주의철학에서 "이성적 직관"의 재인식에로 접근하는 것으로 여겨질 수 있다. 아마도 그것은 직접적 표상능력의 정초적 특성에 의해 데카르트의 "명석판명한 지각"과 현상학의 '본질직관'(Wesensanschauung, Wesenschau)간의 약간의 구분을 지닌다.10) 물론 형이상학적 본성과 그 내용의 상이라는 점에 관련하여 두 철학은 분명하게 구분될 수 있다. 여기서 다시 본질분석에 의한 현상학적 접근은 칸트의 "선험적 반성"방법과 매우 밀접하다. 칸트가 진술한 것처럼 '반성'은 대상으로부터 직접적으로 개념을 이끌려고 대상 자체가 지닌 그 자체에 관계하지 않고, 우리가 개념을 이끌 수 있는

---

9) *Ideen* III, p. 75 참조.
10) *Ibid*, p. 56.

주관적 조건을 드러내려고 한다. 그러한 방식에서 주어진 표상은 각각의 인식근원에 관계되는 것이다.[11]

4.2 현상학적 탐구의 임무 - 일상적인 경험이나 과학적 인식에 의해서 든지 또는 인간의 분야의 어떤 영역 어디에서 든지 간에 - 는 우리의 지속적인 고찰과정에서 보여지는 것처럼, 그것에 상관관계를 지니는 본질의 근원에서 개념을 추적해 들어가는 것이다. 왜냐하면 현상학적으로 말하면 그것은 개념에 상관관계를 지니는 본질이기 때문이다[12] - 이러한 의미에서 현상학은 "본질원리"(Wesenslehre)를 제시한다 - 그러한 원리는 그것에 '관한' 것보다도 본질에 근거한다.

4.3 그러나 본질분석과 기술에 관한 본질원리에서 현상학이 단지 경험적-기술적 원리로서 정립된다는 것을 의미하지는 않는다. 후설이 반복해서 강조하는 것처럼 현상학은 - 본질원리를 통하여 - 단지 경험적인 기술적 본질이론을 받아들여서는 안된다. 왜냐하면 주어진 사실의 경험적 맥락에서 경험의 본질에 대한 경험적 기술은 그 자체에 의하여 이념성(또는 경험의 이념적 가능성)의 층에서 본질에 관한 법칙에 충분히 따를 수 없기 때문이다.[13] 더구나 본질의 비경험적 기술에 있어서도 현상학은 분석에 의한 기술을 지니는 것으로 여겨진다 - 그것의 작용양태는 분석에 의한 기술이다.

4.4 현상학의 특징인 직관주의유형에서 특수한 분석의 비경험적이고 비추론적인 양태는 경험주의와 이성주의라는 각각의 요소

---

11) Kant, *op. cit.*
12) *Ideen* III, p. 100.
13) *Ibid.*, p. 69.

에 상호작용하는 것으로 여겨진다. 심지어 앞에서 언급한 일상적인 언어의 접근은 (동시대의 언어철학이나 분석철학에서) 현상학적 분석방법을 어리석은 것으로 취급할 필요는 없다(제 2 장 참조). 이러한 맥락에서 지시관계는 오스던(Austin)이 사용하는 "언어현상학"(linguistic phenomenology)이라는 표현을 형성한다 - "~의 궁극적 중재자, 현상으로서는 아니지만, ~의 지각을 느끼게 하는 예리한 단어인식"이라는 의미에서.14) 여기서 오스틴은 - 그가 분석자임에도 불구하고 - 궁극적으로 단어와 그것의 언어적 의미에 대해 주관적으로 심오한 분석의 필요와 가능성을 약간은 인식한다. 현상학이 그와 같이 나아가는 한, 그것은 언어사용의 결정에서 대해 임무를 한정할 수 없다; 그에 반하여 현상학은 소박한 단어 의미(Wortbedeutung)의 배후에서 진정한 의미로서 노에마적 본질을 이끌려고 한다.15)(제 2 장 참조).

5.1 우리가 앞에서 살펴 본 것처럼 언어분석의 현상학적 정향의 가능성은 개념적 명료화 - 과학적 개념과 이론에 의해서 뿐만 아니라 일상적 경험에 의해서 - 라는 임무에서 현상학적 방법의 보편적 영역만을 지적한다. 여기서·거의 피할 수 없는 문제는 - 예를 들면 란트그레베(Landgrebe)교수가 그것을 특수하게 제기하는 것처럼16) - 그것이 존재하는 것으로서 구성하는 현상학적 탐구는 형이상학과 함께 배제되어야 하는 가이다. 만일 경험의 현상학적 비판이 "신중성 보다도 명료성"에 관계한다면, 그때 그것

---

14) J. L. Austin, *Philosophical Papers*, 6. p. 130.
15) *Ideen* III, p. 100.
16) L. Landgrebe, "Phenomenology and Metaphysics", in *Philosophy and Phenomenological Research*, Dec. 1949.

이 어떻게 진리의 형이상학적 체계로부터 더욱 분리될 수 있는가? 그 대답은 일상적 언어철학의 맥락에서 스트로슨(Strawson)이 "기술적 형이상학"으로서 제시한 유형의 세 번째 선택(형이상학과 비형이상학간의) 의해서 제시될 수 있다.17) 그러한 형이상학의 형식이 지시하는 것은 ("수정된 형이상학"으로부터 구별됨으로서) "세계에 대한 우리 사고의 사실적 구조를 기술한 내용"이다. "기술적 형이상학"과 마찬가지로 현상학도 가장 일반적이고 근본적인 범주와 개념 - 그것의 상호관계와 그것이 형성되는 구조 - 에 관계하고 있다.

5.2 그러나 현상학은 그 과정의 어떤 비판적 층 - 심지어 경험의 비형이상학적 비판으로서 - 에서 존재론적 선험성의 문제를 필연적으로 수반하고, 어떤 점에서는 분석적으로 지향된 스트로슨의 "기술적 형이상학"을 동반하지 않는다. 이러한 점에서 문제의 핵심은 의식의 현상학적 관점에 관계된다.(제 4 장과 7 장 참조); 즉 존재론적 구속의 문제는 이 현상학적 관점에 의해 필연적으로 발생한다. 그러나 문제는 두 층 - 선반성적 직접성(즉 '생활세계')이나 순수의식의 고차의 층 - 이 모든 대상성 구성의 절대적인 선조건이라는 것이다. 두 층에서 순수한 주관성의 현상학적 언설은 어떤 종류의 '실존주의적' 해명에로 아주 필연적으로 나간다. 그러나 고차의 층은 "절대적" 의식의 형이상학에 관계되는 것으로 여겨진다. 그러나 후자를 인정하는 것은 현상학적으로 비지성적이고, 물론 현상학적 분석 자체로부터 발생되는 "요구", - "형이상학적 요구" 그런데 가설화된 그와 같은 개념이 아닌 - 로서 배제된

---

17) P. F. Strawson, *Individuals: An Essay in Descriptive Metaphysics*, 서문.

다. 다른 한편으로 '생활세계'의 원본적 층에로 귀환함으로써 그러한 층에서 의식은 한정되지 않은 모호한 상태로 유지된다.

5.3 궁극적 분석에서 후설은 원본적이고 정초적인 어떤 것으로서 "삶"의 개념을 받아들인다. 그것은 또한 주관성 자체에 기본적인 특성을 부여한다; 왜냐하면 주관성 자체는 그것의 정위를 삶에서 발견하기 때문이다 - 그것은 경험에 의해 생생하게 되는 것이기 때문이다. 후설에 있어서 삶은 이성적 분석에 대한 "생동적" 개념도 아니고, "제한된 개념"(지적 분석에 따르지 않는)도 아니다. 그에 반하여 모든 형식과 아프리오리에 대한 근거를 제공하는 삶의 기층은 대부분의 과학과 인식영역에 침투되어 있다. 사실 그것은 '아프리오리한' 것의 정위를 드러내는 현상학의 문제를 마찬가지로 지니지 않는다. 왜냐하면 아프리오리한 것은 '생활세계'에 근원적으로 근거된 것으로서 인식되기 때문이다. '아프리오리한' 개념과 명제의 형식적으로서 가설화되는 구성과 명제는 '생활세계'에 속하는 아프리오리성 - '생활세계적 아프리오리' - 으로부터 분명히 이끌려진다.[18]

---

18) *Krisis*, §36, p. 143.
'생활세계'는 우리의 순수경험의 선과학적(그리고 초과학적) 삶에 있어서 경험인 한, 원본적 대상의 시간공간적 세계이다. 그러나 직접성과 상관성을 지닌 - 즉 주관적 경험에 관계된 - '생활세계'는 보편적 구조를 지니고 있는 것이다. 왜냐하면 심지어 이러한 경험의 근본적 세계는 보다 엄밀한 탐구에 있어서 인과성, 시간성 등과 같은 공동의 어떤 근원적 본성 - 내포적임에도 불구하고 - 을 드러내기 때문이다.(제 4 장 6절 참조). 후설은 심지어 원본적 세계가 객관적 학문의 세계와 같은 구조의 학문과 근본적으로 함께 한다고 한다. 모든 객관적 "아프리오리성" - 즉 실증적 학에 속하는 것 - 은 필연적으로 '생활세계'와 상관관계를 지니는 아프리오리성에로 추적해 들어갈 수 있다. 과학적 개념이 '생활세계'에 근거하고 있는 정초적 관계를 추적해 들어감으로써 학문의 개념적 구축의 타당성이라는 기능적 근거가 획득되고 있다.(*Ibid*).

5.4 '생활세계'의 형식적-일반적 구조의 인식은 현상학적 지속의 본질을 구제하도록 이끈다. 현상학적으로 숙고하면, 그것은 일상적인 경험의 층과 과학적인 인식이나 개념적 사유의 층간의 어떤 불일치를 요구하지 않는다. 왜냐하면 유사하게 양자 - 그리고 결국 반(half)이론적 반(half)과학적 인식의 가능한 중간적 층 - 는 단지 다소 명백하게 '아프리오리한' 특징과 일반성을 드러내기 때문이다. 그것의 전환에서 그같은 지속성은 현상학적 환원방법을 통하여 개별과학에 속하는 각각의 개념적 구성의 근원에 대한 추적이라는 가능성을 확증한다.

6.1 이전의 경우에서 이미 탐구한 것처럼 직관주의의 현상학적 전형의 배후에서("선험적 경험론"으로서 마찬가지로 특징지을 수 있는 것 - 제 1 장 3절, 4절 참조). 후설의 현상학적 철학은 그것의 극에 달하는 국면에서 "이성주의"의 잠재적 경향을 드러낸다. 그러나 이러한 이끌음의 가능한 기원은 절대적인 이성적 질서와 목적론적 개념으로 더욱 추구될 수 없다는 것을 함유한다. 왜냐하면 대상성의 모든 의미의 정초적이고 구성적인 주관성의 모든 개념 - 즉 '작용하는 주관성' - 은 세계해명의 보편적 원리만을 표상하기 때문이다. 그러한 원리에서 본질분석에 의하여 불분명하게 남는 것은 아무것도 없고, "신비"가 있을 수 없다 - 그리고 그것은 철저하게 '과학적' 절차의 요구를 확증한다. 이것은 결국 후설이 현상학적 해명의 보편적 영역에서 이성의 승리를 인식하

이러한 사유노선에 따라 후설은 "생활세계의 존재론"이 가능하다고 한다. 생활세계의 존재론은 경험세계로부터 - 경험세계로부터 획득된 순수 명증으로부터 - 순수하게 구현되어야 한다. 이렇게 제기된 "존재론"은 보편적 "근거"에서, 초구조에서 구현되는 모든 학문을 기초지워져야 한다.(*Ibid.*, §51).

도록 이끄는 것이다.19) 사실 그는 "이성주의"로서 철학 자체를 특징지우려고 하며, 이때 이성주의란 인간의 본래적 이성의 전개의 각 단계로 나가려고 하는 것이다.20)

6.2 이러한 "이성적" 경향은 '인격을 통한' 인격적 삶의 맥락에서 자기의식이라는 후설의 개념에서 특수하게 해명되는 것으로 여겨진다(제 5 장 참조). 자기의식의 관점으로부터 후설은 인격적 존재의 두 층을 구분한다. 하나는 자기의식의 궁극적 작용에서 아직 성취되지 않은 인격에 속하고, 다른 하나는 이러한 작용으로부터 발생한다. 후자를 통해서만 인간은 인간성의 이념적 층을 획득한다.21) 따라서 인격성의 고차적 기능은 인간의 인격적 발전을 이끌고, 모든 것을 포괄하는 "자율성"이다. 왜냐하면 개별적 인간에 있어서 그것은 이성적 자아원리로서 자체 존재하는 자유를 의미하기 때문이다. 집합적 삶의 영역에서 다시 이것은 "이성의 자율성"을 의미하고, 그것은 문화의 고차적 원리로서 이바지 할 수 있다.22)

6.3 그러나 현상학의 궁극적 국면에서 이성주의적 신념이 지니고 있는 것으로 여겨지는 것의 이러한 명증적 수용은 잘 근거되어 있는 것으로서 드러나지 않는다. 엄밀히 말하면 그러한 모든 현상학적 절차는 선험적 주관성의 형이상학적 상에 대한 어떤 "요구"로서 간주되는 것으로 가장 잘 정당화될 수 있다. 그 자체

---

19) *Krisis*, §73 참조.
20) Husserl, "Die Idee einer Philosophischen Kultur", *Erste Philosophie*, I. Teil, Abhandlung 참조.
21) *Krisis*, p. 486.
22) "Die Idee einer phi. Kultur", 참조.

를 더욱 분석할 수 없는 세계해명의 원리는 어떤 "요구" - "존재해야만 한다는" 의미에서 어떤 것 - 를 잘 드러낼 수 있다.23)

6.4 다른 형이상학적 해명은 단지 생활세계의 원본적 층에서 획득될 수 있다. 그러나 심지어 앞에서 언급한 "'생활세계'의 존재론"은 결국 아프리오리성에 의하여 이끌려질 수 있지만, 그것은 다른 방식을 지닐 수 있다는 것을 함유한다. 이러한 점에서 단지 제한된 숙고는 현상학의 엄밀한 방법론적 접근형식에서 제시되어야 한다.

현상학의 전형적인 방법론적 관점을 충실하게 숙고함으로써 - 다른 철학과 현저하게 구별됨으로써 - 우리는 궁극적 분석에서 그것으로부터 어떤 종류의 "기술적 형이상학"을 더욱 배제할 필요는 없다. 존재의 선험적 질서로부터 경험적 질서를 이끄는 플라톤주의의 입장은 이러한 종류의 형이상학을 전도한 것이다; 그리고 지시관계라는 점은 여기서 경험 자체의 구조에 지향된 것이다. 진리체계 - 이념성의 체계 - 가 경험(생생한 경험으로서 경험)의 기층으로부터 획득되어지는 것이지만, 그 역은 아니다. 궁극적으로 남는 것은 결국 진리의 '개방된' 체계이지 폐쇄된 체계가 아니다.

---

23) *Krisis*, p. 275 참조.

참 고 문 헌

1. 후설의 저작

Cartesianische Meditationen und Pariser Vorträge. Edited by S. Strasser (Husserliana I). The Hague: Martinus Nijhoff, 1950.

Cartesian Meditations. Translated by Dorion Cairns. The Hague: Martinus Nijhoff, 1960.

"Entwurf einer 'Vorrede' zu den 'Logischen Untersuchungen'(1913)". Edited by Eugen Fink, *Tijdschrift voor Philosophie*, I(1939), pp. 106-133; 319-339.

Erfahrung und Urteil. Untersuchungen zur Genealogie der Logik. Edited by Ludwig Landgrebe. Hamburg: Claassen, 3rd edition, 1964.

Erste Philosophie(1923/24). Erster Teil: Kritische Ideengeschichte. Edited by Rudolf Boehm(Husserliana VII). The Hague: Martinus Nijhoff, 1956.

Erste Philosophie(1923/24). Zweiter Teil: Theorie der phänomenologischen Reduktion. Edited by Rudolf Boehm(Husserliana VIII). The Hague: Martinus Nijhoff, 1959. - 또한 "Meditation über die Idee eines individuellen und Gemeinschaftslebens in absoluter Selbstverantwortung", *ibid*, pp. 193-202 참조.

Formale und transzendentale Logik. Versuch einer Kritik der logischen Vernunft. Halle a. S.: Max Niemeyer, 1929.

Ideas: General Introduction to Phenomenology. Translation of *Ideen I* by W. R. Boyce Gibson. London: George Allen and Unwin, 1931.

Die Idee der Phänomenologie. Fünf Vorlesungen. Edited by Walter Biemel (Husserliana II). The Hague: Martinus Nijhoff, 2nd. edition, 1958.

"Die Idee einer philosophischen Kultur", *Japanisch-deutsche Zeitschrift für Wissenschaft und Technik,* I(1923). 또한 *Erste Philosophie,* vol. I, pp. 203-207.

Ideen zu einer reinen Phänomenologie und phänomenologischen Philosophie. Erstes Buch: Allgemeine Einführung in die reine Phänomenologie. Edited by Walter Biemel(Husserliana III). The Hague: Martinus Nijhoff, 1950.

Ideen zu einer reinen Phänomenologie und phänomenologischen Philosophie. Zweites Buch: Phänomenologische Untersuchungen zur Konstitution. Edited by Marly Biemel(Husserliana IV). The Hague: Martinus Nijhoff, 1952.

Ideen zu einer reinen Phänomenologie und phänomenologischen Philosophie. Drittes Buch: Die Phänomenologie und die Fundanente der Wissenschaften. Edited by Marly Biemel(Husserliana V). The Hague: Martinus Nijhoff, 1952.

Die Krisis der europäischen Wissenschaften und die transzendentale Phänomenologie. Eine Einleitung in die phänomenologische Philosophie. Edited by Walter Biemel(Husserliana VI). The Hague: Martinus Nijhoff, 1954.

Logische Untersuchungen. Erster Band: Prolegomena zur reinen Logik. Halle a. S.: Max Niemeyer, 1900. Second revised edition: Halle a. S.: Max Niemeyer, 1913.

Logische Untersuchungen. Zweiter Band: Untersuchungen zur Phänomenologie und Theorie der Erkenntnis. Halle a. S: Max Niemeyer,

1901. Second revised edition in two parts, with the fllowing subtitles: *Zwiter Band: Untersuchungen zur phänomenologie und Theorie der Erkenntnis*, I. Teil. Halle a. S.: Max Niemeyer, 1913. *Zweiter band: Elemente einer phänomenologischen Aufklärung der Erkenntnis*, II. Teil. Halle a. S.: Max Niemeyer, 1921.

"Nachwort zu meinen 'Ideen zu einer reinen Phänomenologie und phänomenologischen Philosophie'", *Jahrbuch für Philosophie und phänomenologische Forschung*, XI, 1930.

Phänomenologische Psychologie. Vorlesungen Sommersemester 1925. Edited by Walter Biemel(Husserliana IX). The Hague: Martinus Nijhoff, 1962.

"Phenomenology", *Encyclopaedia Britannica*, 14th edition, 1927, vol. 17.

"Philosophie als strenge Wissenschaft", *Logos*, I, (1910/11), pp. 289-341.

Philosophie der Arithmetik. Psychologische und logische Untersuchungen. Vol. I. Halle a. S.: C. E. M. Pfeffer, 1891.

2. 미간행된 후설의 유고

Ms. A V 7(1920-32) Wesensform der Personalität - Anthropologie. Personale Lebensweit - Naturale Einstellung. Zweiseitigkeit.

Ms. A VI 15(1929) Der Mensch als Thema - Seele - Geistes - Wissenschaft.

Ms. A VI 21(1928-33) Die Welt und die Kausalität-die induktive Äußerlichkeit.

Ms. K Ⅲ 6(1934-36) Without title.

Ms. M Ⅰ Ⅰ (1917) Phänomenologie und Erkenntnistheorie für Anfänger.

3. 그 밖의 참고문헌

Austin, J. L., *Philosophical Papers*, Oxford, Clarendon, 1961.

Ayer, A. J.(ed.), *Logical Positivism*. Introduction by Ayer, Glencoe, Free Press, 1959.

Bhattacharyya, K. C., *Studies in Philosophy*, Vols. I and Ⅱ. Progressive Publishers, Calcutta, 1956 and 1958.

Biemel, W., "Husserls Encyclopaedia-Britannica-Artikel und Heideggers Anmerkungen dazu", *Tijdschrift voor philosophie*, XⅡ, (1950), pp. 246-280.

Farber, M., *The Foundation of Phenomenology. Edmund Husserl and the Quest for a Rigorous Science of Philosophy*, Cambridge: Harvard Unversity Press, 1943.

Farber, M., "Experience and Transcendence", *Philosophy and Phenomenological Reseach*, XⅡ, (1951-52), pp. 1-23.

Fink, E., "Die phänomenologische Philosophie Edmund Husserls in der gegenwärtigen Kritik", *Kant-Studien*, X X XⅡ X, (1933), pp. 319-383.

Fink, E., "Operative Begriffe in Husserls Phänomenologie", *Zeitschrift für philosophische Forschung*, XI, (1957), pp. 321-337.

Curwitsch, A., "A non-egological Conception of Consciousness", *Philosophy and Phenomenological Research*, I. (1941), pp. 325-338.

Curwitsch, A., "The Last Work of Edmund Husserl", *Philosophy and Phenome- nological Research*, XVI, (1955-56), pp. 380-399; XVII (1956/57), pp. 370-398.

Heidegger, M., *Sein und Zeit*, Tübingen: Max Niemeyer, 1960.

Kant, I., *Kritik der reinen Vernunft*, Hamburg: Felix Meiner, 1956.

Kaufmann, F., "Phenomenology and Logical Empiricism", *Philosophical Essays in memory of Edmund Husserl*, ed. M. Farber, Cambridge: Harvard University Press, 1940.

Landgrebe, L., "Phenomenology and Metaphysics", *Philosophy and Phenomenological Research*, X, (1949/50), pp. 197-205.

Landgrebe, L., "Seinsregionen und regionale Ontologien In Husserls Phänoemenologie", *Studium Generale*, IX, (1956), pp. 313-324.

Merleau-Ponty, M., *Phenomenology of Perception*, trans. Colin Smith, Routledge and Kegan Paul, 1962.

Mohanty, J. N., *Edmund Husserl's Theory of Meaning* (Phaenomenologica 14). The Hague: Martinus Nijhoff, 1964.

Quine, W. V. O., *From a Logical Point of View*, Harvard University Press, 1953.

Reichenbach, H., *Modern Philosophy of Science*, Routledge and Kegan Paul, 1959.

Russell, B., *Our knowledge of the External World*, Allen and Unwin, 1926.

Ryle, G., *Dilemmas*, Gambridge, 1954.

Sartre, J.-P., *The Transcendence of the Ego: An Existentialist Theory of Consciousness*. Translated by F. Williams and R. Kirkpatrick, New York: Noonday Press, 2nd printing, 1959.

Scheler, M., *Der Formalismus in der Ethik und die materiale Wertethik*

(Gesammelte Werke, Bd. 2). Bern-München: Franke, 5th edition, 1966.

Sinha, D., "On transcendental method", *The Philosophical Quarterly* (India), 1965, pp. 251-256.

Spiegelberg, H., "How subjective is Phenomenology?", *Proceedings of the American Catholic Philosophical Assocoation*, 1959.

Spiegelberg, H., *The Phenomenological Movement. A Historical Introduction* (Phaenomenologica, voll. 5 and 6). The Hague: Martinus Nijhoff, 2nd edtion, 1965.

Strawson, P. F., *Individuals: An Essay in Descriptive Metaphysics*, London: Methuen, 1959.

Thévenaz P., *What is Phenomenology?* Ed. James M. Edie, Chicago: Quardrangle, 1962.

Urmsons, J. O., *Philosophical Analysis*, Oxford: Clarendon, 1956.

Waismann, F., "How I see Philosophy", *Contemporary British Philosophy*, Third Series, Allen and Unwin, Macmillan, 2nd edition, 1961.

Wittgenstein, L., *Philosophical Investigations*, Oxford: Blackweel, 1953.

옮긴이의 말

이 책은 DEBABRATA SINHA, *Studies in Phenomenology*, MARTINUS NIJHOFF, THE HAGUE, 1969(PHAENOMENOLOGICA 30)을 완역한 것이다. 저자가 이미 밝히고 있듯이 이 책은 각기 독립된 장으로 이루어져 있지만 후설 현상학의 노선을 일관성있게 유지하고 있다.

또한 이 글은 후설 현상학과 다른 학문분야들을 관련지어 다룸으로써 새로운 종합을 형성할 수 있는 단서를 제공하고 있다. 따라서 우리는 후설 현상학으로 완결된 현상학이 아닌 '새로운 개방된 현상학'에 이를 수 있을 것이다. 그리고 이 글은 각기 독립된 장으로 이루어져 있기 때문에 독자의 관심에 따라 각 장을 분리해서 읽을 수 있도록 되어 있다.

하여튼 저자의 다양한 관심으로 인하여 이 책을 번역하는데 많은 어려움이 있었다. 역자의 천박한 학식으로 인하여 많은 오역이 있을 것으로 생각한다. 이점에 대해서는 앞으로 기회가 다으면 보완할 것을 약속한다.

옮긴이

<옮긴이>

전영길(全永吉) :
　원광대, 전북산업대, 벽성전문대 출강

현상학 연구

1995년 5월 1일 인쇄
1995년 5월 5일 발행

지은이 　DEBABRATA SINHA
옮긴이 　전영길
발행인 　김진수
발행처 　도서출판 **한국문화사**
　　　　서울특별시 성동구 성수 1가 2동 13-156
　　　　전화 464-7708　499-0846
　　　　팩스 499-0846
　　　　등록번호 제2-1276호

값 12,000원

ISBN 89-7735-113-8